U0641983

傅思明——主编

乡村『法律明白人』普法一本通

Xiangcun Falü Mingbairen Pufa Yibentong

撰稿人——
王 振 王 威 张兆国 郑 捷 赵子龙 傅思明

人民东方出版传媒
People's Oriental Publishing & Media
東方出版社
The Oriental Press

图书在版编目（CIP）数据

乡村“法律明白人”普法一本通 / 傅思明主编 . —北京：东方出版社，2022.6
ISBN 978-7-5207-2778-5

Ⅰ . ①乡…　Ⅱ . ①傅…　Ⅲ . ①法律—中国—通俗读物　Ⅳ . ① D920.5

中国版本图书馆 CIP 数据核字（2022）第 078457 号

乡村“法律明白人”普法一本通
（XIANGCUN FALÜ MINGBAIREN PUFA YIBENTONG）

主　　编：傅思明
责任编辑：孔祥丹
责任校对：曾庆全
出　　版：东方出版社
发　　行：人民东方出版传媒有限公司
地　　址：北京市西城区北三环中路 6 号
邮　　编：100120
印　　刷：三河市龙大印装有限公司
版　　次：2022 年 6 月第 1 版
印　　次：2022 年 6 月北京第 1 次印刷
开　　本：710 毫米 ×1000 毫米　1/16
印　　张：14
字　　数：170 千字
书　　号：ISBN 978-7-5207-2778-5
定　　价：49.80 元
发行电话：（010）85924663　85924644　85924641

目 录

CONTENTS

前 言 …… 1

第一章 乡村“法律明白人”培养工作的总体要求 …… 1

一、乡村“法律明白人”的定义 …… 3
二、乡村“法律明白人”的基本条件 …… 3
三、乡村“法律明白人”的主要职责 …… 4
四、乡村“法律明白人”的遴选 …… 5
五、乡村“法律明白人”的任前培训及上岗 …… 7
六、乡村“法律明白人”的使用 …… 9
七、乡村“法律明白人”的培训 …… 11
八、乡村“法律明白人”的管理 …… 13
九、乡村“法律明白人”培养工作的保障实施 …… 14

第二章 宪 法 …… 17

一、宪法是国家的根本大法 …… 18
二、我国宪法的制定、发展与新时代修宪 …… 19
三、国家经济制度 …… 29

四、基层群众性自治组织……32
五、公民基本权利……37
六、公民基本义务……47

第三章 民法典……53

一、将绿色原则确立为民法的基本原则……55
二、物权编的主要制度和创新……58
三、合同编的重要发展和创新……61
四、人格权编的主要制度与创新……64
五、婚姻家庭编的主要制度与创新……68
六、继承编的主要制度与创新……75
七、侵权责任编的主要制度与创新……81

第四章 涉乡村振兴和安全生产相关法……85

一、乡村振兴战略……86
二、《乡村振兴促进法》与乡村产业发展……89
三、《安全生产法》与安全生产新要求……92

第五章 涉疫情防控和应急治理相关法……97

一、乡村重大突发公共卫生事件应对和疫情防控……98
二、乡村社会应急治理……108

第六章 涉农村基本经营制度相关法……115

一、农村不动产登记……116
二、土地确权……122

三、乡村建设规划许可 …… 125
四、集体土地征收与补偿 …… 128
五、乡村违法用地行为与处置 …… 134

第七章 **涉农村食品安全和消费者权益保护相关法** …… 137

一、农村食品安全的主要法律制度 …… 138
二、加强农村食品安全监管 …… 151
三、农村消费者权益保护的主要法律制度 …… 153
四、加强农村消费者权益保护 …… 161

第八章 **涉未成年人保护和农村常见犯罪预防相关法** …… 163

一、《未成年人保护法》 …… 164
二、《预防未成年人犯罪法》 …… 171
三、危害人身安全类犯罪 …… 175
四、危害财产安全类犯罪 …… 181

第九章 **涉农政策** …… 191

一、加强法治乡村建设 …… 195
二、党的涉农政策利农惠农的案例评析 …… 203
三、法治实践能力培养 …… 206

前 言

PREFACE

党的十九大提出实施乡村振兴战略，健全自治、法治、德治相结合的乡村治理体系。建设法治乡村是乡村振兴的内在要求，是乡村振兴战略不可分割的组成部分。只有形成良好的法治乡村环境，才能有力推动农业全面升级、农村全面进步、农民全面发展，进而保证乡村振兴战略顺利实施。2018 年 2 月，中共中央、国务院发布《关于实施乡村振兴战略的意见》，对稳步推进农村经济建设、政治建设、文化建设、社会建设、生态文明建设和党的建设作出全面部署，并明确提出“建设法治乡村”的重大任务。

建设法治乡村，必将为乡村振兴提供强有力的立法、执法、司法、守法保障，助推乡村振兴战略的实施。2018 年 9 月，中共中央、国务院印发《乡村振兴战略规划（2018—2022 年）》，就推进乡村法治建设作出具体部署。明确提出，深入开展“法律进乡村”宣传教育活动，提高农民法治素养，引导干部群众尊法学法守法用法。增强基层干部法治观念、法治为民意识，把政府各项涉农工作纳入法治化轨道。维护村民委员会、农村集体经济组织、农村合作经济组织的特别法人地位和权利。

深入推进综合行政执法改革向基层延伸，创新监管方式，推动执法队伍整合、执法力量下沉，提高执法能力和水平。加强乡村人民调解组织建设，建立健全乡村调解、县市仲裁、司法保障的农村土地承包经营纠纷调处机制。健全农村公共法律服务体系，加强对农民的法律援助、司法救助和公益法律服务。深入开展法治县（市、区）、民主法治示范村等法治创建活动，深化农村基层组织依法治理。2022 年 2 月，国务院印发的《“十四五”推进农业农村现代化规划》强调建设法治乡村，创建民主法治示范村，培育农村学法用法示范户。

实施乡村“法律明白人”培养工程是加强农村法治宣传教育的有效途径，是新形势下满足农村群众日益增长的法治需求的民心工程。为规范推进乡村“法律明白人”培养工程，着力培养一支群众身边的普法依法治理工作队伍，为实施乡村振兴战略、推进法治乡村建设提供基层法治人才保障，2021 年 11 月 8 日，中共中央宣传部、司法部、民政部、农业农村部、国家乡村振兴局、全国普法办公室联合印发《乡村“法律明白人”培养工作规范（试行）》。该规范规定了乡村“法律明白人”培养工作的原则、培养目标，乡村“法律明白人”的基本条件、主要职责以及遴选、任前培训及上岗、使用、培训、管理及保障实施等基本内容。

实施乡村“法律明白人”培养工程是增强全民法治观念、加强法治乡村建设的一项重要基础性工作。乡村“法律明白人”主要由村“两委”干部和综治、调解人员、义务法治宣传员以及基层法律服务工作者等构成，是一支群众信任、扎根乡土、传播法治理念、维护社会和谐稳定的最有效、最便捷的基层法治建设队伍，成为农村深化改革、推动发展、化解矛盾和维护稳定的重要力量。多年的实践证明，乡村“法律明白人”

是新形势下开展农村普法教育的有效载体，是推进农村基层法治建设的一支生力军。

做好乡村“法律明白人”培养工作，建好乡村“法律明白人”队伍，是建设法治中国、法治新农村的重要基础。开展乡村“法律明白人”培训活动，可以提高农村法治宣传教育水平，提升法律援助能力，化解基层矛盾纠纷，解决法治服务民生、服务群众“最后一公里”的问题。《乡村“法律明白人”培养工作规范（试行）》明确，乡村“法律明白人”培养工作要以人民群众法治需求为导向，在群众中培养乡村“法律明白人”、培养服务群众的“法律明白人”，聚焦解决村民日常生产生活中的法律问题，提升法治素养。

《乡村“法律明白人”培养工作规范（试行）》要求，要把乡村“法律明白人”培养工作纳入法治社会建设和乡村振兴总体规划，作为加快推进乡村人才振兴工作的重要内容；要把乡村“法律明白人”培养工作情况作为加强基层普法工作队伍建设、健全精准有效普法工作体系的重要举措，纳入人才工作目标责任制考核。统筹整合各类资源力量，着力构建多部门协同配合、社会力量积极参与的“法律明白人”培养工作机制。根据该规范的规定，到 2025 年，乡村“法律明白人”培养工作要普遍开展，每个行政村至少培养 3 名“法律明白人”，基本形成培养机制规范、队伍结构合理、作用发挥明显的“法律明白人”工作体系，形成一支素质高、结构优、用得上的“法律明白人”队伍。各地可根据本地乡村分布、农村人口数量等实际情况确立乡村“法律明白人”培养数量目标，逐步实现村民小组“法律明白人”全覆盖。

本书由傅思明主编，参加本书编写的撰稿人有：王振、王威、张兆国、郑捷、赵子龙、傅思明。在写作过程中，参考了法学界专家学者和法律实务部门同志撰写的相关书籍和论文，在此表示衷心的感谢。如有不当之处，恳请批评指正。

编　者

2022 年 2 月

第一章

乡村“法律明白人”培养工作的总体要求

2021 年 11 月 8 日，中共中央宣传部、司法部、民政部、农业农村部、国家乡村振兴局、全国普法办公室联合下发《乡村“法律明白人”培养工作规范（试行）》（以下简称《规范》）。《规范》明确了乡村“法律明白人”培养的工作原则：一是坚持党的全面领导。充分发挥基层党组织的战斗堡垒作用和党员的先锋模范作用，依靠党组织统筹推进“法律明白人”遴选培训使用管理等各项工作。二是坚持需求导向、服务群众。以人民群众法治需求为导向，在群众中培养“法律明白人”、培养服务群众的“法律明白人”，聚焦解决村民日常生产生活中的法律问题，提升法治素养。三是坚持多方参与、协同配合。统筹整合各类资源力量，着力构建多部门协同配合、社会力量积极参与的“法律明白人”培养工作机制，形成工作合力。四是坚持分类施策、注重实效。遵循基层法治建设客观规律，针对不同地区、不同群体，因地制宜细化工作措施、拓展延伸工作覆盖面，根据实际情况有重点、分步骤推进“法律明白人”培养，提高工作针对性、实效性。

根据《规范》的要求，到 2025 年，乡村“法律明白人”培养工作普遍开展，每个行政村至少培养3名“法律明白人”，基本形成培养机制规范、队伍结构合理、作用发挥明显的“法律明白人”工作体系，形成一支素质高、结构优、用得上的“法律明白人”队伍。各地可根据本地乡村分布、农村人口数量等实际情况确立乡村“法律明白人”培养数量目标，逐步实现村民小组“法律明白人”全覆盖。此外，《规范》对乡村“法律明白人”的定义、基本条件、主要职责、遴选、任前培训及上岗、使用、培训、管理和保障实施等进行了全面规定。

一、乡村“法律明白人”的定义

《规范》指出，“法律明白人”是指具有较好法治素养和一定法律知识，积极参与法治实践，能发挥示范带头作用的村民。乡村“法律明白人”具有非常鲜明的特色优势和重要的职能作用，主要由村“两委”干部和综治调解人员、义务法治宣传员以及基层法律服务工作者等构成，是一支群众信任、扎根乡土、传播法治理念、维护社会和谐稳定的最有效、最便捷的基层法治建设队伍，是农村深化改革、推动发展、化解矛盾和维护稳定的重要力量。

二、乡村“法律明白人”的基本条件

《规范》规定的乡村“法律明白人”的基本条件包括：（1）拥护中国共产党的领导，拥护中华人民共和国宪法。（2）坚定不移走中国特色社会主义法治道路，自觉崇尚法治、敬畏法律，具备较强的法治意识，具有较好的法治素养。（3）积极践行社会主义核心价值观，有良好道德品质和个人修养。（4）具有一定文化程度、语言表达能力和接受教育能力。（5）有较强的责任心和奉献精神，热心社会公益事业，能引领带动身边群众尊法学法守法用法。

乡村“法律明白人”的基本条件可以归结为:（1）拥护中国共产党的领导，拥护社会主义制度，热爱祖国，热爱人民。（2）遵守宪法法律、党纪党规，未出现因违法违纪被追究责任的情况。（3）积极践行社会主义核心价值观，传承良好家风和家庭美德。（4）具有一定的文化知识、政策水平和法律知识，具有一定的学习能力、语言表达能力。（5）热心社会公益事业和法治建设工作，在群众中具有一定声望和威信。

三、乡村“法律明白人”的主要职责

《规范》规定的乡村“法律明白人”的主要职责包括:（1）学习宣传习近平法治思想。（2）学习宣传宪法、民法典以及与基层群众生产生活密切相关的法律法规。（3）学习宣传党的路线方针政策和惠民富民政策。（4）参与乡村法治文化建设，弘扬社会主义核心价值观。（5）及时收集和反映群众法律需求，引导群众用好公共法律服务资源，积极带动周边群众增强法律意识。（6）参与矛盾纠纷预防、排查、化解工作，引导群众理性表达利益诉求，依法维护合法权益，防止矛盾激化升级。（7）依托村“法律之家”“百姓说事”“屋场会议”“圆桌会议”等民主协商途径，推进基层自治法治德治融合。（8）适合当地“法律明白人”承担的其他职责。

乡村“法律明白人”的主要职责可以归结为:（1）成为法律法规“讲解员”。自觉学习宣传习近平法治思想，自觉学习、宣传并带头执行党的路线方针政策和国家法律法规，践行社会主义核心价值观，弘扬法治精神，倡导新风正气。（2）成为矛盾纠纷“调解员”。协助并参与当地矛盾纠纷劝导、化解，防止矛盾激化、纠纷升级，维护基层社会和谐稳定。（3）成为社情民意“传递员”。及时收集、反映当地社情民意，发现重大矛盾纠纷、突发事件苗头，及时向上级有关部门报告。（4）成为法治活动“组织员”。积极参与法治乡村建设、民主法治示范村（社区）创建、村（社区）法治文化建设等法治活动，提升村（社区）法治化建设水平。（5）成为法治创建“监督员”。推进村（社区）事务依法、民主管理，实现政府治理、社会调节和居民自治良性互动。（6）成为法律援助“引导员”。帮助村（居）民了解法律救济途径，提供法律帮扶，引导村（居）民理性表达利益诉求，依法维护合法权益。

四、乡村“法律明白人”的遴选

《规范》指出，乡村“法律明白人”的遴选以行政村为单位，按照村民自荐或者村“两委”推荐、考核上岗程序，认定“法律明白人”。

（一）遴选对象

乡村“法律明白人”优先从以下人员中遴选：村干部；村妇联执委、儿童主任；人民调解员；驻村辅警；网格员；村民小组长；中共党员；“五老”人员（老干部、老战士、老专家、老教师、老模范）；致富能手等各类人才；其他热心公益事业的村民。

推进乡村法治建设，人才队伍建设是关键。造就大批与乡村建设需要高度吻合的人才，是队伍建设的关键，也是人才更好地服务乡村法治建设的保障。《规范》对“法律明白人”的遴选范围作了指导性规定，不仅将村干部、村妇联执委、儿童主任、人民调解员、驻村辅警、网格员、村民小组长、中共党员、“五老”人员、致富能手等各类人才均纳入遴选范围，而且作了兜底性规定，将“其他热心公益事业的村民”也纳入遴选范围，充分体现了聚天下英才而用之的理念。因此，应该结合当地的实际情况，比如引导农村党员发挥先锋模范作用，积极加入乡村“法律明白人”的队伍；推动“大学生村官”、回乡知识青年等年轻力量加入乡村“法律明白人”队伍，为乡村“法律明白人”的培养注入新鲜活力。

例如，2021年，江西省妇联、省司法厅联合出台的《关于进一步深化妇女“法律明白人”培养工程的通知》要求，结合全省培育农村学法用法示范户工作，发动全省行政村妇联主席家庭参与农村学法用法示范户培养。结合“平安家庭”“最美家庭”等文明家庭创建活动，发挥妇女“法律明白人”学法用法示范作用；引导妇女“法律明白人”主动参与涉及村民切身利益的矛盾纠纷特别是婚姻家庭纠纷劝导、化解，推动矛盾纠纷早发现、早化解；依托新时代文明实践站等基层阵地，为妇女儿童提供近在身边的普法维权服务，采用生动活泼的方式讲述学法用法故事。通过各种渠道掌握辖区内妇女和家庭的动态，对涉及妇女儿童的侵权线索早发现、早报告；引导、推荐妇女“法律明白人”加入普法志愿者、兼职“网格员”、人民调解员、人民陪审员队伍，参与村民理事会、“村民说事”、红白理事会、妇女议事会等基层事务管理。

自江西省乡村“法律明白人”培养工程实施以来，全省各级妇联组织层层发力，协调配合当地司法行政部门，把全省行政村妇联主席约1.7万人培养成“法律明白人”骨干、90万名妇女培养成为“法律明白人”，增强了广大妇女群众尊法学法守法用法的积极性和主动性，在维护妇女儿童合法权益、参与乡村治理、促进乡村振兴中发挥了独特作用。

（二）遴选程序

《规范》规定的乡村“法律明白人”的遴选程序有:（1）以行政村为单位，村民自荐或者村“两委”推荐。（2）村“两委”汇总提出“法律明白人”初选对象并进行为期不少于10天的公示后，将名单报送至乡镇司法所。（3）乡镇司法所对村“两委”报送的初选对象进行初审核实，经乡镇党委、政府同意后，报县级人民政府司法行政部门。（4）县级人民政府司法行政部门按照本规范规定，经任前培训、上岗考核等程序，确定“法律明白人”名单，报市级人民政府司法行政部门备案。

根据《规范》要求，乡村“法律明白人”的遴选工作要经过严格的程序，通过自荐或者村级组织推荐确定的初选对象要经过名单公示、层层报送、核实审批，并经过任前培训、上岗考核等程序后，才能最终确定“法律明白人”名单，并报市级人民政府司法行政部门备案。只有把握好乡村“法律明白人”的遴选关，才能为培养乡村“法律明白人”打下基础。

五、乡村“法律明白人”的任前培训及上岗

（一）任前培训

县级人民政府司法行政部门牵头对乡村“法律明白人”人选进行任前培训，结合拟承担的主要职责，开展法律知识、法治实践能力等方面的培训，并组织上岗考核。

（二）上岗

经考核合格的，由县级人民政府司法行政部门正式确定为乡村“法律明白人”，颁发证书和徽章，并登记造册、建档立卡。证书和徽章规

范样式由司法部统一规定。乡村“法律明白人”名单应当以显著方式，在所在村公共场所公布。

成为一名合格的乡村“法律明白人”，任前培训是至关重要的。只有经考核合格的，才能正式确定为一名乡村“法律明白人”。各地司法所应该建立健全乡村“法律明白人”日常管理制度，建立花名册，全面掌握乡村“法律明白人”的基础信息。此外，乡村“法律明白人”的名单应该在乡村公共场所以显著的方式进行公布，让广大村民予以知悉。

例如，江阴市结合江苏省、无锡市培育“法律明白人”的相关精神，大力开展“法律明白人”提档升级行动，多部门联合下发《关于在全市农村培育“法律明白人”的实施意见》，编织乡村共建共治骨干网，对“法律明白人”遴选程序进行了规范，区分了“法律明白人”和“法律明白人”骨干，明确以村（社区）为单位，按照村（居）民自荐（村组指定）、组织遴选、考核上岗的程序，确定“法律明白人”及其骨干。村（居）民委员会对照“法律明白人”的基本条件，对自荐或推荐的人选进行审查合格后，确定其为培养对象。

该实施意见还规定，对确定为“法律明白人”培养对象及“法律明白人”骨干人选的，分别由村（社区）和镇（街道）分批组织任前法律知识培训和考核。经培训、考核合格的“法律明白人”，由村（居）民委员会登记造册、建档立卡，并颁发有关证书，报辖区司法所备案；“法律明白人”骨干则由辖区司法所登记造册、建档立卡，颁发有关证书，在签订“尊法学法守法用法”承诺书、履行上岗宣誓程序后正式上岗，并由辖区司法所报市司法局备案。培训和考核登记表册、证书、承诺书、上岗宣誓誓词等由司法局统一制发。

六、乡村“法律明白人”的使用

（一）引导开展法治宣传教育

引导“法律明白人”利用“12・4”国家宪法日、宪法宣传周、民法典宣传月、中国农民丰收节等重要时间节点，依托农贸会、各类集市、圩场、家庭聚会等场合，通过走村串户等方式，积极宣传习近平法治思想、宪法法律知识和党的政策，讲述身边法治故事，组织群众性法治文化活动。

（二）支持参与基层依法治理

引导“法律明白人”在法治乡村建设中更好发挥作用，依法有序参与村级事务管理。吸纳优秀“法律明白人”成为基层网格员、人民调解员，开展收集社情民意、调解矛盾纠纷、引导法律服务、辅助基层社会治理、参与法治创建等活动。

（三）鼓励发挥示范引领作用

鼓励“法律明白人”模范遵守自治章程和村规民约，积极参与“民主法治示范村（社区）”和“农村学法用法示范户”创建，切实发挥示范引领作用。

（四）为“法律明白人”搭建实践服务平台

一是业务指导。整合律师、基层法律服务、公证、司法鉴定、人民调解、法律援助等公共法律服务资源，为“法律明白人”开展法治实践提供业务指导和帮助。

二是资料查阅。利用新时代文明实践中心（站、所）、农村文化礼堂、农家书屋等阵地，建立法律图书柜（角），及时更新书籍，为“法律明白人”查阅法律条文提供便利。

三是实践场所。依托村级综合服务设施、新时代文明实践中心（站、所）、基层综治中心、人民调解室、公共法律服务工作站（室、点）等资源，建立“法律明白人”法治实践工作站，为“法律明白人”学习培训、履行职责等提供支持和保障。

乡村“法律明白人”应该把法治宣传教育紧紧围绕农村建设、农业发展和维护农民群众合法权益的实际需要紧密结合起来，紧紧抓住农村发展和农民群众生产生活中的热点、难点问题，有针对性地进行法治宣传教育，以解决村民之难、满足村民之需。

充分发挥乡村“法律明白人”作用，可以通过走进田间地头发放法治宣传手册、解答群众咨询等方式积极开展法律服务。比如，可以组建宣讲团，将宪法、民法典等与村民生产生活密切相关的法律法规送到村民身边。乡村“法律明白人”还可以定期走进网格，听取村民对农村治安、环境保护等的意见建议，及时掌握村民的法律需求，引导村民积极参与乡村治理。此外，乡村“法律明白人”还应积极参与各类婚姻家庭、土地承包等矛盾纠纷排查、劝导、化解工作，引导村民通过法律途径解决问题。通过引导乡村“法律明白人”参与法治实践，带领身边广大农民群众共同增强尊法学法守法用法的法治意识。

根据《规范》要求，还应该鼓励发挥乡村“法律明白人”的示范引领作用，在基层热点、难点、重点工作中焕发活力。同时，还应该为乡村“法律明白人”搭建实践服务平台。一是为乡村“法律明白人”提供业务指导。二是为乡村“法律明白人”查阅资料提供便利。三是为乡村“法律明白人”学习培训提供实践场所。

七、乡村"法律明白人"的培训

（一）培训内容

一是法律政策知识。法律政策知识包括：习近平法治思想；宪法；民法典；乡村振兴、农村基本经营制度、疫情防控、生态文明、食品药品安全、安全生产、社会应急治理、未成年人保护、消费者权益保护、农药及种子安全与保护、野生动植物保护、防范非法集资、防范电信诈骗等常用法律法规；党的涉农政策等。

二是法治实践能力。重点培养法治宣传教育能力、社情民意信息收集能力、公共法律服务引导能力、矛盾纠纷调处能力。

三是道德品格教育。重点加强社会主义核心价值观教育，开展家风家训学习，教育引导"法律明白人"讲道德、守规矩、重家风。

（二）培训方式

一是由县级人民政府司法行政部门牵头，会同民政、农业农村、乡村振兴等部门，对"法律明白人"开展集中培训（轮训），确保每人每年完成不少于8课时的学习辅导。可聘请普法讲师通过分析案例的方式，向参训人员详细讲解与人民群众利益息息相关的法律法规，传授矛盾纠纷调解技巧。

二是在集中培训（轮训）的基础上，根据基层实际情况，因地制宜，采取以下一种或多种培训方式：网络教学。依托全国智慧普法统一平台，建设"法律明白人"网校，为"法律明白人"提供网络自主学习、法律知识在线咨询等服务。现场教学。组织"法律明白人"参观民主法治示范村（社区）、法治文化基地，观看法治文艺演出等，提升法治素养。法治实践观摩。组织"法律明白人"现场观摩人民调解、法院庭审、村民议事等，提升法治实践能力。

（三）培训保障

一是指导示范。省（自治区、直辖市）、市（地、州、盟）人民政府司法行政部门要加强对培训工作的指导，组织开展“法律明白人”示范培训班。

二是培训师资。落实国家机关“谁执法谁普法”普法责任制，整合普法讲师团成员以及法官、检察官、行政执法人员、律师、基层法律服务工作者等人才资源，建立“法律明白人”培训师资库，加强师资建设。

三是编写教材。全国普法办牵头组织编写“法律明白人”普法读本，作为培训教材，同时开发数字教学资源。鼓励各地因地制宜编写特色培训教材。

乡村“法律明白人”的素养与业务能力决定了乡村普法工作的成效。因此，应根据《规范》要求做好乡村“法律明白人”的培训工作。

首先，在培训内容方面，应重点加强对习近平法治思想、宪法、民法典、乡村振兴政策等与乡村紧密结合的婚姻家庭类、财产保障类、安全生产类等法律法规的学习，不断提高乡村“法律明白人”的法治意识与法律素养。同时，除学习法律法规与党的涉农政策知识外，还应注重提升乡村“法律明白人”的法治实践能力与加强乡村“法律明白人”的道德品格教育，进一步提高其依法解决矛盾纠纷的能力。

其次，在培训方式方面，应做好以下几点工作：一是开展常态化培训。通过整合司法所、派出所、法庭等政法部门力量，定期或不定期地邀请司法所、法律援助中心、律师、法官等具有丰富法律经验的人，对乡村“法律明白人”进行集中培训、分批轮训。二是创新培训模式。因地制宜，针对培训需要，可以打造线上与线下相结合的双重培训模式。比如，在当前疫情防控常态下，借助于相关网络平台对乡村“法律明白人”进行线上授课，显然更符合实际需要。三是抓好实践培训。一方面可以依托新时代文明实践站、道德讲堂、农家书屋、德法讲习所等实践场所举办法治培训班，提升乡村“法律明白人”的法治素养。另一方面，也可以通过组织乡村“法律明白人”现场观摩人民调解、法院庭审、村民议事等，提升其法治实践能力。

最后，在培训保障方面，有关人民政府司法行政部门要加强对培训工作的指导，组织开展乡村“法律明白人”示范培训班；建立乡村“法律明白人”培训师资库，加强师资建设；组织编写乡村“法律明白人”普法读本等。

八、乡村“法律明白人”的管理

（一）日常管理

县级人民政府司法行政部门要建立“法律明白人”档案，加强档案台账管理。乡镇司法所要加强与村“两委”的衔接，及时掌握和了解“法律明白人”开展法治宣传、参与法治实践等工作情况，并予以记录归档。

（二）评价激励

实行乡村“法律明白人”年度考核评价制度。乡镇司法所会同村“两委”提出“法律明白人”考核评价意见，报乡镇党委、政府和县级人民政府司法行政部门。将工作表现优秀、工作成效突出的“法律明白人”，列入普法、乡村治理等工作表彰范畴；在发展和培养党员、村干部，聘用网格员、人民调解员时予以优先考虑；通过名单共享、信息增信等方式，在涉农贷款、技术帮扶等方面予以支持。

（三）动态清退

加强对乡村“法律明白人”的动态管理。乡村“法律明白人”有下列情形之一的，由村“两委”向乡镇司法所提出清退意见，经乡镇党委、政府审核后，由县级人民政府司法行政部门及时予以清退，注销证书、收回徽章，并报市级人民政府司法行政部门备案：发生违法违纪行为；不认真履职，经提醒仍不改正；出现其他不符合“法律明白人”基本条件的情形。被清退的“法律明白人”，应当及时从所在村公告的“法律明白人”名单中删除。

监督管理是乡村“法律明白人”培养过程中的重要流程。《规范》从“日常管理”“评价激励”“动态清退”3个方面，对乡村“法律明白人”的管理提出了明确具体的要求。根据《规范》要求，要加强对乡村“法律明白人”的管理，做好对乡村“法律明白人”的考核评价机制。应落实乡村“法律明白人”的管理考核主体，每年根据乡村“法律明白人”的业务学习、调解成效、示范作用等工作情况来对其进行评价考核。

强化考核结果运用，要从以下两个方面入手。一方面，对于工作实绩突出、广受村民好评的乡村“法律明白人”，进行大力表彰，并在其他方面给予一定的支持。比如在涉农贷款、技术帮扶等方面予以支持。另一方面，对于作用发挥不明显、工作业绩不突出的乡村“法律明白人”，应该督促村“两委”及时予以调整或解聘。

九、乡村“法律明白人”培养工作的保障实施

（一）组织领导

推动各级党委政府落实履行法治建设第一责任人职责，把“法律

明白人”培养工作纳入法治社会建设和乡村振兴总体规划，作为加快推进乡村人才振兴工作的重要内容，及时研究解决工作中的重大问题。把“法律明白人”培养工作情况作为加强基层普法工作队伍建设、健全精准有效普法工作体系的重要举措，纳入人才工作目标责任制考核，加强督导检查。

（二）协调联动

将“法律明白人”培养工作列入乡村人才振兴工作联席会议制度研究事项，定期组织研究。县级人民政府司法行政部门负责牵头抓总，加强对“法律明白人”培养工作的业务指导，制订工作计划、优化师资力量、落实培训任务，加强督促落实。县级人民政府民政、农业农村、乡村振兴等部门将“法律明白人”培养工作作为乡村人才振兴的重要内容，依据职责积极推动。相关司法、执法部门和群团组织按照“谁执法谁普法”普法责任制要求，结合各自职能积极参与“法律明白人”培养工作。乡镇党委、政府要切实履行法治建设责任，推动“法律明白人”培养的具体组织实施。

（三）保障机制

要建立健全相关保障机制，为“法律明白人”履行工作职责、参与基层治理提供必要的支持和保障。将“法律明白人”培养工作经费列入财政预算。担任“法律明白人”属于志愿服务。有条件的地区可结合当地实际，给“法律明白人”发放一定的工作津贴。

（四）选树典型

发挥先进典型的示范带动作用，将“法律明白人”先进典型纳入普法工作表彰、表扬范围，按要求开展好表彰、表扬工作。加强宣传引导，及时总结培育“法律明白人”的成功经验、特色亮点，挖掘选树先进典型，及时报道工作动态和成效，宣传“法律明白人”先进事迹，营造全社会关心、理解、支持、参与“法律明白人”培养工作的良好社会氛围。

抓好乡村“法律明白人”培养工作，是推进乡村法治建设的必由之路。因此，各地必须落实好乡村“法律明白人”的保障实施工作。

一是积极推动各级党委政府落实履行法治建设第一责任人职责，把实施乡村“法律明白人”培养工程作为实施乡村振兴战略的基础性工作来抓，纳入法治社会建设指标体系和乡村振兴总体规划，加强组织领导，压实工作责任，及时研究解决工作中的重大问题。

二是把乡村“法律明白人”培养工程作为加强基层普法工作队伍建设、健全精准有效普法工作体系的重要举措，并纳入普法工作考核指标体系，加强督导检查，确保各项任务和措施落到实处。此外，各级各有关部门要积极履行共育职责，推动形成党政领导、部门联动、社会参与的工作格局。

三是建立健全相关保障机制，将乡村“法律明白人”培养工程相关工作经费列入同级财政预算予以保障，加强乡村法治人才的培养、使用、管理。

四是各级宣传、民政、农业农村、乡村振兴等部门要加强宣传引导，及时总结培育乡村“法律明白人”的成功经验、特色亮点，挖掘选树先进典型，及时报道工作动态和成效，宣传乡村“法律明白人”先进事迹，努力营造全社会关心、理解、支持、参与乡村“法律明白人”培养工作的良好社会氛围。

第二章

宪　法

宪法是国家的根本大法，是治国安邦的总章程，具有最高的法律地位、法律权威、法律效力。全面贯彻实施宪法，是全面推进依法治国，建设社会主义法治国家的首要任务和基础性工作。深刻领会宪法中关于法治乡村建设、涉及农业农村农民的有关规定，有利于提高农民群众的法律意识，提高其投身乡村振兴的积极性、主动性与参与度。

一、宪法是国家的根本大法

宪法之所以是国家的根本大法，主要表现在以下三个方面。

（一）在规定的内容上与普通法律不同

普通法律作为部门法，调整的只是国家生活中某一方面的社会关系，而作为根本大法的宪法，它规定的是国家政治生活和社会生活中最根本、最重要的问题。我国《宪法》在序言中明确宣布："本宪法以法律的形式确认了中国各族人民奋斗的成果，规定了国家的根本制度和根本任务，是国家的根本法。"

（二）在法律效力上与普通法律不同

由于宪法是国家的根本大法，宪法所具有的就不仅是一般的法律效力，而是具有最高的法律效力。其法律效力的最高性表现在：（1）宪法是制定普通法律的依据和基础；（2）普通法律不得与宪法相抵触；（3）宪法是一切组织或者个人的根本活动准则。《宪法》第五条第三款规定："一切法律、行政法规和地方性法规都不得同宪法相抵触。"

（三）在制定和修改的程序上与普通法律不同

由于宪法是国家的根本大法，具有最高的法律效力，为了体现宪法的严肃性，保持宪法的稳定性和连续性，多数国家对宪法的制定和修改都规定了不同于普通立法的特别程序。根据宪法规定，授权行使修改宪法或者解释宪法权力的国家机关或者特定的主体，必须依照宪法所规定的严格的修改宪法、解释宪法的程序，对现行宪法作出修改或者解释。《宪法》第六十四条第一款规定："宪法的修改，由全国人民代表大会常务委员会或者五分之一以上的全国人民代表大会代表提议，并由全国人民代表大会以全体代表的三分之二以上的多数通过。"

二、我国宪法的制定、发展与新时代修宪

（一）我国宪法的制定

作为国家的根本大法，宪法在我国的法律体系中具有最高的法律地位。从1949年中华人民共和国成立之初制定具有临时宪法意义的《中国人民政治协商会议共同纲领》，到1982年颁布我国现行宪法并历经5次修宪，我国宪法走过了坎坷而光辉的七十余年。

1.《中国人民政治协商会议共同纲领》

1949年中华人民共和国成立前夕，新民主主义革命即将获得全国

性胜利。革命胜利后建立一个什么样的国家，如何把革命胜利的成果用法律形式固定下来，并且规定新中国成立后的大政方针，作为全国人民共同遵循的准则，以便团结全国各族人民把革命和建设事业继续推向前进，需要制定一部具有根本法性质的文件。但在当时由于各方面条件限制，还不能立即召开由普选产生的全国人民代表大会并且制定一部正式的宪法。在这种情况下，中国共产党邀请各民主党派、人民团体、人民解放军、各地区、各民族以及国外华侨等各方面的代表635人，组成中国人民政治协商会议，代表全国各族人民的意志，在普选的全国人民代表大会召开以前代行全国人民代表大会的职权。

1949年9月，中国人民政治协商会议第一届全体会议通过了《中国人民政治协商会议共同纲领》。作为新中国建国纲领和第一份宪制性文件，共同纲领系统总结了中国人民从鸦片战争以来特别是中国共产党成立20多年来反对帝国主义、封建主义和官僚资本主义革命斗争的历史经验，宣告了中华人民共和国的诞生，确定了新中国的国家性质和政治制度，建立了新中国的政权组织体系，规定了新中国军事、经济、文教、民族、外交等方面的基本政策，解决了建立一个什么样的新国家和怎样建立一个新国家这个重大历史课题。它在新中国第一部宪法诞生前，实际上起到了临时宪法的作用，奠定了新中国的宪制基础，揭开了新中国依宪治国的帷幕。

共同纲领有以下突出亮点：一是它连接两个时代，宣告一个旧制度被一个新制度所取代，并为向社会主义宪法的转变创造了条件，具有承上启下的作用。二是它由当时最具有代表性的中国共产党和各民主党派、各人民团体和各界民主人士共同制定，充分反映了各党派、各团体、各阶层的愿望和要求，是民主协商的典范。三是它所确定的一系列原则和制度，比如人民民主专政、人民代表大会制度、民族区域自治制度、公民基本权利和自由等，是新民主主义宪政理论的集大成者和标志性成果，成为中华人民共和国历次宪法制定和修改的重要基础。

2.“五四宪法”的制定

1952 年 12 月，中国共产党提议，由全国政协向中央人民委员会建议，于 1953 年召开全国和地方各级人民代表大会，并开始进行起草选举法和宪法草案等准备工作。1953 年 1 月 13 日，中央人民政府委员会成立由毛泽东任主席的宪法起草委员会。1954 年 9 月 20 日，第一届全国人民代表大会第一次全体会议全票通过宪法草案，新中国第一部宪法即“五四宪法”诞生。

“五四宪法”除序言外，分为四章一百零六条。主要内容包括：一是对国家性质、政权组织形式和基本的政治、经济、文化制度等作了规定。总纲第一条规定，中华人民共和国是工人阶级领导的、以工农联盟为基础的人民民主国家。第二条第一款规定，中华人民共和国的一切权力属于人民。人民行使权力的机关是全国人民代表大会和地方各级人民代表大会。“五四宪法”还规定了生产资料所有制的 5 种形式，即国家所有制、全民所有制、劳动群众集体所有制、个体劳动者所有制和资本家所有制。二是确定了社会主义的方向和道路，确认了过渡时期总任务，即逐步实现国家的社会主义工业化，逐步完成对农业、手工业和资本主义工商业的社会主义改造，并规定了实现总任务的内外条件。三是通过人民代表大会制度建立了国家政权体系，体现了民主集中制原则，取代了中华人民共和国成立初期建立的民主联合政府。四是首次专章规定公民的基本权利和义务。公民的基本权利主要有：公民在法律上一律平等，享有选举权和被选举权，有言论、出版、集会、结社、游行、示威的自由，有宗教信仰自由，有人身自由，有劳动的权利和获得物质帮助的权利等。相对于共同纲领来说，上述规定更加全面、具体、完整，是一个巨大进步。五是借鉴了苏联 1936 年宪法，首次规定宪法监督制度，确立了全国人大监督宪法实施的立法机关模式。

“五四宪法”是中国历史上第一部社会主义类型的宪法，也是中华人民共和国第一部宪法。它以共同纲领为基础，全面总结了近代以来中国的革命历程和制宪经验，参考借鉴了苏联和东欧社会主义国家宪法特别是苏联 1936 年宪法，集中反映了全国人民的共同愿望和根本利益，为中华人民共和国法治建设奠定了宪法基础。

（二）新时期颁布新宪法

1975 年 1 月，四届全国人大一次会议召开，通过了 1975 年宪法即“七五宪法”。“七五宪法”充满政治口号和意识形态内容，把无产阶级专政下继续革命的理论作为国家的指导思想，不顾生产力发展水平，规定“纯粹的”社会主义所有制，大力强化党的一元化领导和党政不分、以党代政，对宪法应当规定的国家制度和公民的基本权利规定得残缺不全，宪法条文被压缩到三十条（“五四宪法”为一百零六条），是一部有严重缺陷的宪法。“七五宪法”几乎来不及实施，就随着“四人帮”的垮台而成为历史。

1978 年 3 月 5 日，五届全国人大一次会议通过了 1978 年宪法即“七八宪法”。“七八宪法”一方面基本恢复了“五四宪法”有关国家机构、公民基本权利和义务的规定，另一方面仍充分肯定“文化大革命”，把“坚持无产阶级专政下的继续革命”作为新时期的总任务，保留了

“文化大革命”中夺权创造的政权形式——革命委员会，肯定了公民大鸣、大放、大辩论、大字报“四大”权利。由于“七八宪法”的种种缺陷，颁布后两年内就作了两次修改。一次是 1979 年 7 月，根据中共中央的建议，五届全国人大二次会议对宪法进行了 4 处重要修改：在县以上地方各级人大设立常务委员会，把地方各级革命委员会改为地方各级人民政府，把县级人大代表由间接选举改为直接选举，把人民检察院的上下级关系由监督改为领导。另一次是 1980 年 9 月，五届全国人大三次会议根据中共中央的建议，取消了宪法中有关公民“四大”权利的规定。

1980 年 8 月 30 日，中共中央向五届全国人大三次会议主席团提出修改宪法和成立宪法修改委员会的建议。1982 年 12 月 4 日，五届全国人大五次会议审议通过了新宪法即“八二宪法”。“八二宪法”继承了“五四宪法”的基本原则，如人民民主专政的国家性质，人民代表大会制度的政权组织形式，中央和地方的权力结构，公民的基本权利和义务等。同时，适应新时期需要，有许多重要发展。一是宪法序言规定了四项基本原则和国家的根本任务，首次确认了宪法的根本法地位和最高法律效力，明确了党必须在宪法和法律范围内活动的原则，解决了过去长期没有解决的党与法的关系问题。二是宪法总纲增写了民主集中制、社会主义法制、个体经济、社会主义精神文明等内容。序言将发展社会主义民主、健全社会主义法制作为国家的根本任务，明确把法制建设确定为社会主义现代化建设的重要目标。三是首次将公民的基本权利和义务一章置于国家机构一章之前，表明国家权力源自公民权利，彰显了对公民权利的重视和尊重，同时，充实、细化了公民的基本权利，增写了公民在法律面前一律平等、公民的人格尊严不受侵犯、退休人员生活受保障权、公民获得国家赔偿权利等规定。四是恢复了“五四宪法”关于国家主席的设置，国家主席对外代表中华人民共和国，根据全国人大及其常委会的决定行使职权。五是扩大了全国人大常委会的职权，包括立法权和监督宪法实施的权力，极大强化了全国人大的立法和监督职能，这是“八二宪法”在国家机构部分最突出的发展变化。六是赋予县级以上地方各级人大常委会保证宪法、法律和行政法规在本行政区域内实施的职责。这是加强宪法实施、维护法律权威的重要举措。

“八二宪法”为新时期经济社会建设奠定了宪法基础，对法治建设起到了重要推动作用，是中华人民共和国依宪治国的重要里程碑。“八二宪法”颁布以来，根据经济社会形势的发展变化，先后做了多次修改。

1. 1988 年宪法修正案

1988 年 4 月 12 日，七届全国人大一次会议首次以宪法修正案的方式，对“八二宪法”进行了第一次修改。一是确认了私营经济的合法地位，这有利于调动各方积极性，促进经济发展；二是规定土地的使用权可以依法转让，把土地的使用权和所有权分离，有利于繁荣搞活经济。

2. 1993 年宪法修正案

1993 年 3 月 29 日，八届全国人大一次会议对“八二宪法”进行了第二次修改，共审议通过九条修正案。主要内容包括:（1）把“我国正处于社会主义初级阶段”“建设有中国特色社会主义的理论”等写入宪法。这是改革开放以来中国特色社会主义建设实践的经验结晶，比较集中、完善地表达了党的基本路线。（2）用社会主义市场经济取代计划经济。这是这次宪法修改最突出的亮点。社会主义市场经济是使市场在国家宏观调控下对资源配置起决定性作用的经济体制，有利于解放和发展生产力。（3）用国有经济、国有企业取代国营经济、国营企业，准确体现了全民所有制经济所有权和经营权的区别，为我国国有企业改革的发展和深化提供了宪法依据。（4）删去农村人民公社的提法，确立家庭联产承包为主的责任制的法律地位。家庭联产承包为主的责任制，是在农村土地集体所有的前提下生产资料和劳动者结合的一种方式，是社会主义劳动群众集体所有制经济的一种基本形式。（5）将县、市、市辖区的人民代表大会每届任期由3年改为5年，有利于保持县级国家机构的稳定性，并同党章中有关县级党委任期的规定保持一致。

3. 1999年宪法修正案

1999年3月15日，九届全国人大二次会议对"八二宪法"进行了第三次修改，共审议通过六条修正案。主要内容包括：（1）在宪法中确立了邓小平理论的指导地位。邓小平理论是毛泽东思想的继承和发展，是指导改革开放的理论，是马克思主义在中国发展的新阶段。（2）增写了依法治国，建设社会主义法治国家。这对于坚持依法治国基本方略，不断健全社会主义法制，发展社会主义民主政治，促进经济体制改革和经济建设，具有重要意义。（3）明确规定社会主义初级阶段的基本经济制度和分配制度，即国家在社会主义初级阶段，坚持公有制为主体、多种所有制经济共同发展的基本经济制度，坚持按劳分配为主体、多种分配方式并存的分配制度。这有利于在改革开放和社会主义现代化建设的实践中，坚持和完善上述制度，进一步解放和发展社会生产力。（4）增写"在法律规定范围内的个体经济、私营经济等非公有制经济，是社会主义市场经济的重要组成部分”，进一步明确了个体经济、私营经济等非公有制经济在我国社会主义市场经济中的地位和作用，有利于个体经济、私营经济等非公有制经济健康发展。

4. 2004 年宪法修正案

2004 年 3 月 14 日，十届全国人大二次会议对“八二宪法”进行第四次修改，共审议通过十四条宪法修正案。主要内容包括：（1）确立“三个代表”重要思想在国家生活和社会生活中的指导地位，为全国各族人民在新世纪新阶段继续团结奋斗提供共同思想基础。（2）增加推动物质文明、政治文明和精神文明协调发展的内容，这既是对社会主义文明内涵的极大丰富，又是对社会主义现代化建设理论的重大发展。（3）完善土地征用制度，将宪法第十条第三款“国家为了公共利益的需要，可以依照法律规定对土地实行征用”，修改为：“国家为了公共利益的需要，可以依照法律规定对土地实行征收或者征用，并给予补偿。”这一修改理顺了市场经济条件下因征收、征用发生的不同财产关系。（4）进一步明确国家对发展非公有制经济的方针，全面准确体现了党的十六大对非公有制经济既鼓励、支持、引导，又依法监督、管理，促进非公有制经济健康发展的精神。（5）完善对私有财产保护的规定，将宪法第十三条“国家保护公民的合法的收入、储蓄、房屋和其他合法财产的所有权”“国家依照法律规定保护公民的私有财产的继承权”，修改为：“公民的合法的私有财产不受侵犯”“国家依照法律规定保护公民的私有财产权和继承权”“国家为了公共利益的需要，可以依照法律规定对公民的私有财产实行征收或者征用并给予补偿”。进一步明确国家对公民的合法的私有财产一体保护，保护范围既包括生活资料，也包括生产资料，有利于正确处理私有财产保护和公共利益需要的关系。（6）增加建立健全社会保障制度的规定，这既是发展社会主义市场经济的客观要求，也是社会稳定和国家长治久安的重要保证。（7）增加尊重和保障人权的规定，在宪法第二章“公民的基本权利和义务”头一条即第三十三条增写一款：“国家尊重和保障人权。”这一规定，体现了社会主义制度的本质要求，有利于推进我国人权事业发展，有利于我国同国际社会进行人权交流合作。（8）作出关于紧急状态的规定，将宪法第六十七条、第八十条、第八十九条中的戒严修改为紧急状态。这主要是总结2003年抗击“非典”的经验教训，借鉴国际通行做法进行的修改。紧急状态适用范围更宽，包括戒严又不限于戒严，便于应对各种紧急事件。（9）赋予国家主席进行国事活动的职权。主要考虑是：当今世界，元首外交是国际交往中的一种重要形式，需要在宪法中对此留出空间。

（三）新时代修宪

2004年宪法修改以来，党和国家事业又有了许多重要发展变化。特别是党的十八大以来，中国特色社会主义进入新时代，以习近平同志为核心的党中央团结带领全国各族人民毫不动摇坚持和发展中国特色社会主义，统筹推进“五位一体”总体布局、协调推进“四个全面”战略布局，推进党的建设新的伟大工程，形成一系列治国理政新理念新思想新战略，推动党和国家事业取得历史性成就、发生历史性变革。2017年10月，党的十九大在新的历史起点上对新时代坚持和发展中国特色社会主义作出重大战略部署，提出了一系列重大政治论断，确立了习近平新时代中国特色社会主义思想在全党的指导地位，确定了新的奋斗目标，对党和国家事业发展具有重大指导和引领意义。为更好发挥宪法在新时代坚持和发展中国特色社会主义中的重大作用，需要对宪法进行适当修改，把党和人民在实践中取得的重大理论创新、实践创新、制度创新成果上升为宪法规定。

2018 年 3 月 11 日，十三届全国人大一次会议对“八二宪法”进行第五次修改，共审议通过二十一条宪法修正案，是“八二宪法”颁布以来修改幅度最大的一次。主要内容包括以下几个方面。

第一，确立科学发展观、习近平新时代中国特色社会主义思想在国家政治生活和社会生活中的指导地位。主要考虑是：科学发展观是党的十六大以来以胡锦涛同志为主要代表的中国共产党人推进马克思主义中国化的重大成果，党的十八大党章修正案已经将其确立为党的指导思想；习近平新时代中国特色社会主义思想是马克思主义中国化最新成果，是当代中国马克思主义、21 世纪马克思主义，是中华文化和中国精神的时代精华，是全党全国人民为实现中华民族伟大复兴而奋斗的行动指南。

第二，完善依法治国和宪法实施举措。一是在总纲第二十七条增加一款：“国家工作人员就职时应当依照法律规定公开进行宪法宣誓。”在宪法中确认宪法宣誓制度，有利于促使国家工作人员树立宪法意识、恪守宪法原则、弘扬宪法精神、履行宪法使命，也有利于彰显宪法权威，激励和教育国家工作人员忠于宪法、遵守宪法、维护宪法，加强宪法实施。二是在全国人大之下设宪法和法律委员会。这是新中国首次设立宪法监督专门机构，是加强宪法实施监督、推进合宪性审查工作的关键举措，对于全面依法治国、推进国家治理体系和治理能力现代化具有重要意义。

第三，充实坚持和加强中国共产党全面领导的内容。在总纲第一条第二款“社会主义制度是中华人民共和国的根本制度”后增写一句

“中国共产党领导是中国特色社会主义最本质的特征”。主要考虑是：中国共产党是执政党，是国家的最高政治领导力量。宪法从社会主义制度的本质属性角度对坚持和加强党的全面领导进行规定，有利于在全体人民中强化党的领导意识，把党的领导落实到国家工作全过程和各方面，确保党和国家事业始终沿着正确方向前进。

第四，增加有关监察委员会的各项规定。在宪法第三章“国家机构”第六节后增加一节，作为第七节“监察委员会”，对国家监察委员会和地方各级监察委员会的性质、地位、名称、人员组成、任期任届、领导体制、工作机制等作出规定。作上述修改，反映了党的十八大以来深化国家监察体制改革的成果，贯彻了党的十九大关于健全党和国家监督体系的部署，也反映了设立国家监察委员会和地方各级监察委员会后，全国人大及其常委会和地方各级人大及其常委会、国务院和地方各级人民政府职权的新变化以及工作的新要求。

我国宪法的发展以及“八二宪法”的历次修改，彰显了我国宪法与时俱进的时代特征，有力推动和保障了党和国家事业发展，有力推动和加强了我国社会主义法治建设。

三、国家经济制度

经济制度是指一定历史阶段占统治地位的生产关系的总和。它主要包括三个方面的内容，即生产资料的所有制形式，生产过程中形成的人与人之间的关系，以及由生产资料所有制形式决定的分配方式。其中，生产资料的所有制形式起决定作用，它决定生产过程中人与人之间的关系，决定劳动产品的分配方式，决定经济制度的性质。

（一）所有制关系

我国现阶段的基本经济制度是公有制为主体、多种所有制经济共同发展。公有制经济不仅包括国有经济和集体经济，还包括混合所有制经济中的国有成分和集体成分。在改革开放的过程中，随着资产的流动和重组，出现了各种形式的混合所有制经济，其中的国有成分和集体成分，也属于公有制经济。这样，公有制经济所指的全民所有制经济和劳动群众集体所有制经济，不仅包括纯粹的全民所有制经济和劳动群众集体所有制经济，还包括混合所有制经济中的全民所有成分和集体所有成分。

《中共中央关于党的百年奋斗重大成就和历史经验的决议》指出：“明确必须坚持和完善社会主义基本经济制度，使市场在资源配置中起决定性作用，更好发挥政府作用，把握新发展阶段，贯彻创新、协调、绿色、开放、共享的新发展理念，加快构建以国内大循环为主体、国内国际双循环相互促进的新发展格局，推动高质量发展，统筹发展和安全。”这是对习近平新时代中国特色社会主义思想核心内容的拓展与丰富，是我们党对社会主义经济建设规律认识不断深化和理论不断创新的重要体现。公有制为主体、多种所有制经济共同发展的所有制制度，既有利于发挥公有制经济在巩固和完善社会主义制度、在关系国家经济命脉和国计民生的重要领域及关键行业的主体作用，又有利于发挥非公有制经济在稳定增长、增加就业、改善民生等方面的重要作用，从而推动各种所有制取长补短、相互促进、共同发展，形成推动高质量发展的强大合力。

（二）分配制度

党的十一届三中全会以来，我们党在改革分配制度的实践中认识到，我国社会主义初级阶段的个人收入分配，必须坚持按劳分配为主体，多种分配方式并存的分配制度，把按劳分配和按生产要素分配结合起来，坚持效率优先，兼顾公平，允许一部分地区一部分人先富起来，带动和帮助后富，逐步走向共同富裕。按劳分配为主体、多种分配方式并存的分配制度，既有利于保护劳动所得，鼓励勤劳致富，调动广大劳动者的积极性、主动性、创造性，又有利于让一切劳动、知识、技术、管理和资本的活力竞相迸发，让一切创造社会财富的源泉充分涌流。

分配问题是实现共同富裕的核心。新时代要坚持以人民为中心的发展思想，正确处理效率和公平的关系，做好初次分配、二次分配和三次分配协调配套的基础性制度安排。要完善初次分配制度，提高劳动报酬在初次分配中的比重，健全劳动、资本、土地、知识、技术、管理、数据等生产要素按贡献参与分配的机制；健全再分配调节机制，加大税收、社保、转移支付等调节力度，规范收入分配秩序；重视发挥第三次分配作用，发展慈善等社会公益事业。通过扩大中等收入群体比重，增加低收入群体收入，合理调节过高收入，取缔非法收入，逐步形成中间大、两头小的橄榄型分配结构，促进社会公平正义，促进人的全面发展，使全体人民朝着共同富裕目标扎实迈进。

党的十九大报告指出，坚持按劳分配原则，完善按要素分配的体制机制，促进收入分配更合理、更有序。鼓励勤劳守法致富，扩大中等收入群体，增加低收入者收入，调节过高收入，取缔非法收入。坚持在经济增长的同时实现居民收入同步增长、在劳动生产率提高的同时实现劳动报酬同步提高。拓宽居民劳动收入和财产性收入渠道。履行好政府再分配调节职能，加快推进基本公共服务均等化，缩小收入分配差距。因此，在广大农村地区，应努力增加低收入人群的就业机会，可以向一些低收入人群优先提供公益性工作岗位，如乡村地区保洁、护林等工作岗位，增加其收入。

四、基层群众性自治组织

《宪法》第一百一十一条规定：“城市和农村按居民居住地区设立的居民委员会或者村民委员会是基层群众性自治组织。居民委员会、村民委员会的主任、副主任和委员由居民选举。居民委员会、村民委员会同基层政权的相互关系由法律规定。居民委员会、村民委员会设人民调解、治安保卫、公共卫生等委员会，办理本居住地区的公共事务和公益事业，调解民间纠纷，协助维护社会治安，并且向人民政府反映群众的意见、要求和提出建议。”

（一）村民委员会和居民委员会的性质

村民委员会、居民委员会是农村村民或者城市居民自我管理、自我教育、自我服务的基层群众性自治组织，是基层群众实行民主选举、民主决策、民主管理、民主监督的组织形式。自我管理就是群众自己管理自己，自己约束自己，自己管理本村或者本居住地区的事务。村民之间、居民之间、邻里之间、村民或居民与村民委员会或者居民委员会之间；每个村民或居民对于本居住地区，应当做什么，不应当做什么，违反了村民或者居民之间的约定如何处理等，都要由村民或居民自己来决定。自我教育就是通过开展基层群众自治活动，使村民或者居民受到各种教育，包括法治教育、道德教育和民主教育等，教育者和被教育者成为一个有机的统一体。自我服务就是村民或居民有组织地为自身的生产、生活提供服务。兴办什么样的服务项目，根据群众的需要，自己决定；服务所需的费用，由群众自己筹集。目前的自我服务主要是两个方面的内容：一是社会服务，兴办公共事务和公益事业，如修桥铺路，兴办托儿所、养老院等。二是生产或生活服务，农村地区，主要是为农业生产的产前产中或产后提供各种服务，如播种、灌溉、植保、收割、销售等；城市地区主要是为居民生活提供各种服务。

（二）村民委员会和居民委员会与基层人民政府的关系

村民委员会和居民委员会是基层群众性自治组织，这就决定了它与基层人民政府的关系不是行政机关之间的关系，也就不是领导与被领导的关系，只能是指导与被指导、协助与被协助的关系。如果将基层群众自治组织与基层人民政府的关系确定为领导与被领导的关系，就有可能使基层群众自治组织成为政府的“一条腿”，使基层人民政府把大量的行政工作压给基层群众自治组织，或者是代替基层群众自治组织的行为，这都影响基层群众自治。

《村民委员会组织法》和《城市居民委员会组织法》对上述关系作了具体规定。乡、民族乡、镇的人民政府对村民委员会的工作给予指导、支持和帮助，但是不得干预依法属于村民自治范围内的事项。村民委员会协助乡、民族乡、镇的人民政府开展工作。不设区的市、市辖区的人民政府或者它的派出机关对居民委员会的工作给予指导、支持和帮助。居民委员会协助不设区的市、市辖区的人民政府或者它的派出机关开展工作。

（三）村民委员会和居民委员会的组成、产生和任期

村民委员会由主任、副主任和委员共 3 至 7 人组成，由村民直接选举产生。任何组织或者个人不得指定、委派或者撤换村民委员会成员。村民委员会每届任期五年，届满应当及时举行换届选举，其成员

可以连选连任。本村年满十八周岁的村民，只要没有因为刑事案件被法院判决剥夺政治权利，就享有选举权和被选举权。选举由村民选举委员会主持。候选人由登记参加选举的村民直接提名，提名可以是村民个人采用无记名投票的方式推荐，也可以是村民采取联名的方式提出，具体办法可由选举办法规定。候选人的名额还应当多于应选名额，实行差额选举。

居民委员会由主任、副主任和委员共 5 至 9 人组成。多民族居住地区，居民委员会中应当有人数较少的民族的成员。居民委员会主任、副主任和委员的选举，与村民委员会主任、副主任和委员的选举有所不同，有以下 3 种形式：（1）直接选举，即由本居住地区全体有选举权的居民选举产生；（2）由每户派代表选举产生；（3）根据居民意见，也可以由每个居民小组选举代表 2 至 3 人选举产生。这种产生方式是根据城市居民的特点，所作的灵活规定。居民委员会每届任期五年，其成员可以连选连任。

（四）村民委员会和居民委员会的职责和任务

宪法规定的 4 项任务为村民委员会和居民委员会的基本任务。公共事务是指与本居住地区村民或居民生产和生活直接相关的事务，公益事业是指本居住地区的公共福利事业。民间纠纷即邻里之间，家庭内部之间、居民或村民之间发生的纠纷。调解纠纷的原则是在双方当事人自愿平等的基础上，依法调解。协助维护社会治安主要是开展治安防范，开展法治宣传和教育，配合有关部门开展综合治理工作等。村民委员会和居民委员会是基层群众同基层人民政府进行联系的纽带和桥梁，要收集群众的意见、要求和建议，向人民政府反映。

按照《村民委员会组织法》的规定，村民委员会还有以下职责：

应当支持和组织村民依法发展各种形式的合作经济和其他经济，承担本村生产的服务和协调工作，促进农村生产建设和经济发展；管理本村属于村农民集体所有的土地和其他财产，引导村民合理利用自然资源，保护和改善生态环境；应当尊重并支持集体经济组织依法独立进行经济活动的自主权，维护以家庭承包经营为基础、统分结合的双层经营体制，保障集体经济组织和村民、承包经营户、联户或者合伙的合法财产权和其他合法权益；应当宣传宪法、法律、法规和国家的政策，教育和推动村民履行法律规定的义务、爱护公共财产，维护村民的合法权益，发展文化教育，普及科技知识，促进男女平等，做好计划生育工作，促进村与村之间的团结、互助，开展多种形式的社会主义精神文明建设活动；应当支持服务性、公益性、互助性社会组织依法开展活动，推动农村社区建设。多民族村民居住的村，村民委员会应当教育和引导各民族村民增进团结、互相尊重、互相帮助。应当遵守宪法、法律、法规和国家的政策，遵守并组织实施村民自治章程、村规民约，执行村民会议、村民代表会议的决定、决议，办事公道，廉洁奉公，热心为村民服务，接受村民监督。按照《城市居民委员会组织法》的规定，居民委员会的任务还有宣传宪法、法律、法规和国家的政策，维护居民的合法权益，教育居民履行依法应尽的义务，爱护公共财产，开展多种形式的社会主义精神文明建设活动；协助人民政府或者它的派出机关做好与居民利益有关的公共卫生、计划生育、优抚救济、青少年教育等项工作；向人民政府或者它的派出机关反映居民的意见、要求和提出建议。应当开展便民利民的社区服务活动，可以兴办有关的服务事业。多民族居住地区的居民委员会，应当教育居民互相帮助，互相尊重，加强民族团结。

典型案例

案情简介

某选区进行村民小组长选举，在离投票结束封箱约只剩10分钟时，负责监督该选区投票选举的工作人员王某发现自己的4名邻居（同为一家人）还没有派人来投票。王某想着一张选票可领20元误工费，打算自己替他们代领了。随后王某在没有受到选民委托的情况下，自己擅自代表选民投了4张票，并代领了80元。在投票即将结束封箱前，那4张选票的委托人张某来到现场投票，结果发现自己无票可投。此时，王某还没有意识到自己的错误，他将80元误工费交给张某后，竟又设法拿出4张选票给张某填写，最后在点票核查时东窗事发。公安机关依据《治安管理处罚法》第二十三条第一款第（五）项“破坏依法进行的选举秩序的”之规定，最终对王某处以5日行政拘留处罚。

案例评析

《村民委员会组织法》第十五条第四款规定：“登记参加选举的村民，选举期间外出不能参加投票的，可以书面委托本村有选举权的近亲属代为投票。村民选举委员会应当公布委托人和受委托人的名单。”该案中，工作人员王某既不是张某的近亲属，更没有得到张某的书面委托，擅自做主代替他人投票代领误工费，被发现后竟又设法拿出4张选票，严重违反村“两委”换届选举程序，最终受到了行政处罚。

五、公民基本权利

（一）选举权和被选举权

《宪法》第三十四条规定："中华人民共和国年满十八周岁的公民，不分民族、种族、性别、职业、家庭出身、宗教信仰、教育程度、财产状况、居住期限，都有选举权和被选举权；但是依照法律被剥夺政治权利的人除外。"根据本条规定，公民行使选举权和被选举权必须具备三个基本条件：

（1）国籍条件：具有中华人民共和国国籍。因此，必须是中华人民共和国公民，没有中华人民共和国国籍的人非我国公民，不享有选举权和被选举权。不具有中华人民共和国国籍的华裔没有选举权和被选举权，但是具有中华人民共和国国籍的华侨具有选举权和被选举权。

（2）年龄条件：年满 18 周岁。因此，未满 18 周岁的公民没有选举权和被选举权。

（3）政治权利方面的条件：依法享有政治权利。依照法律被剥夺政治权利的人，不得享有选举权和被选举权。依照法律被剥夺政治权利的人，是指人民法院依据我国《刑法》的规定，对某一犯罪行为判处剥夺政治权利刑罚的人，主要包括危害国家安全的犯罪分子，严重破坏社会秩序的犯罪分子和其他被剥夺政治权利的犯罪分子。在剥夺政治权利期间，就没有选举权和被选举权。

（二）言论、出版、集会、结社、游行、示威自由

《宪法》第三十五条规定："中华人民共和国公民有言论、出版、集会、结社、游行、示威的自由。"言论、出版、集会、结社、游行、示威自由是公民的重要政治权利，又称为表现的自由。人民参与国家政

治生活，充分表达自己的意愿，这是人民行使当家作主权利的重要方式，是社会主义民主的具体表现。

1. 言论自由

言论自由是指公民依据宪法享有的通过语言方式表达自己的思想见解或者其他意愿的自由。言论自由既包括口头表达的自由，也包括书面表达的自由。言论自由的主要特点是：一是在同一环境中，对同一事件，每个人都有平等的发言权，如果在发言中有特权存在，就意味着没有言论自由。二是公民发表的言论内容，只要不超出宪法和法律范围，就不受任何非法干涉。当然，言论自由也不是绝对的，在我国，公民的言论自由也要受到宪法和法律的必要约束。

2. 出版自由

出版自由是指公民享有宪法赋予的通过各种出版物表达各种思想见解以及其他意愿的自由。一是公民通过在出版物上发表作品或者出版机构出版著作，直接表达思想。此意义上的出版自由实际是言论自由的一种，是一种用书面形式表达的言论自由，所以经常被与言论自由结合起来，称为言论出版自由。二是公民有出版、制作或者编印出版物的自由。此意义上的出版自由是前一意义出版自由的延伸，是实现前一意义出版自由的方式。

3. 结社自由

结社自由是指公民为了某一共同目的，依照法律规定的程序结成某种社会团体，进行社会团体活动的自由。社会团体应当具备法人条件。成立社会团体，应当经其业务主管单位审查同意并进行登记，社会团体接受登记机关和业务主管单位的双重监督管理。实践中，社会团体的登记单位是人民政府的民政部门。但是，有三类社会团体的登记成立不在此限:(1)参加中国人民政治协商会议的人民团体;(2)由国务院机构编制管理机关核定，并经国务院批准免于登记的团体;(3)机关、团体、企业事业单位内部经本单位批准成立，在本单位内部活动的团体。

4. 集会、游行、示威自由

集会自由是指公民为了某一目的，依照法律规定的程序，集合在露天场所发表意见、表达意愿的自由。集会自由与结社自由的主要区别是，前者是不特定的多数人在一定的场所聚集并短时间地讨论问题的自由，而后者是相对确定的多数人为了共同的意愿和目的而结成团体较长时间地进行活动的自由。游行自由是指公民依照法律规定的程序有权在公共道路、露天公共场所列队行进、表达共同意愿的自由。示威自由是指公民依照法律规定的程序在露天公共场所或者公共道路上以集会、游行等方式，表达要求、抗议或者支持声援等共同意愿的自由。集会、游行、示威是公民以和平手段表达自己意愿的比较激烈的方式，是民主社会中十分重要的权利和自由。日常生活中的文娱、体育活动，正常的宗教活动，传统的民间习俗活动，不是宪法意义所说的集会、游行、示威活动。

(三)宗教信仰自由

《宪法》第三十六条规定:“中华人民共和国公民有宗教信仰自由。任何国家机关、社会团体和个人不得强制公民信仰宗教或者不信仰宗教，不得歧视信仰宗教的公民和不信仰宗教的公民。国家保护正常的宗教活动。任何人不得利用宗教进行破坏社会秩序、损害公民身体健康、妨碍国家教育制度的活动。宗教团体和宗教事务不受外国势力的支配。”

我国公民的宗教信仰自由包括以下含义:(1)公民有信仰宗教的自由，也有不信仰宗教的自由;(2)公民有信一种宗教的自由，也有信另一种宗教的自由;(3)公民有过去信教现在不信教的自由，也有过去不信教现在信教的自由;(4)在同一宗教里公民有信这一教派的自由，也有信那一教派的自由;(5)公民有参加宗教仪式的自由，也有不参加宗教仪式的自由。

我国的宗教政策包括以下三个方面：第一，对宗教自由不得强制。任何国家机关、社会团体和个人不得使用政治的、经济的、法律的、行政的或者其他手段，强制公民信仰宗教或者不信仰宗教；也不得以任何形式，包括思想感情、经济待遇以及其他方式，歧视信仰宗教的公民和不信仰宗教的公民。第二，国家保护正常的宗教活动。宗教活动是有信仰、有组织、有秩序的活动。正常的宗教活动是指信教群众在宗教职业人员的组织下，按照宗教教义所进行的活动，正常的宗教活动受到国家保护。但是，任何人不得利用宗教进行破坏社会秩序、损害公民身体健康、妨碍国家教育制度的活动。第三，宗教独立自主。我国的宗教事业不与外国宗教发生组织上的隶属、经济上的依赖和其他形式的依附关系，不允许外国的传教士到中国传教，也不允许外国的宗教势力或者其他政治势力，对我国的宗教团体和宗教事务进行干预和支配。

（四）人身自由不受侵犯

《宪法》第三十七条规定:“中华人民共和国公民的人身自由不受侵犯。任何公民，非经人民检察院批准或者决定或者人民法院决定，并由公安机关执行，不受逮捕。禁止非法拘禁和以其他方法非法剥夺或者限制公民的人身自由，禁止非法搜查公民的身体。”该条表明宪法对我国公民人身自由的保护。首先，宪法赋予公民在合法范围内享有人身自由的权利，人身自由是我国公民的一项基本权利。其次，对公民人身自由的合法限制，必须经正当程序由法定主体批准、决定、执行。其中，逮捕公民仅人民检察院有批准、决定权，人民法院有决定权，公安机关有执行权。最后，宪法排除其他任何个人、组织和国家机关对公民人身自由限制的合法性，为公民人身自由保护提供了相应的依据。

（五）人格尊严不受侵犯

《宪法》第三十八条规定："中华人民共和国公民的人格尊严不受侵犯。禁止用任何方法对公民进行侮辱、诽谤和诬告陷害。"所谓人格尊严不受侵犯也就是指公民的人格权不受侵犯。广义的人格权包括公民的生命权、健康权、身体权、姓名权、肖像权、名誉权、荣誉权、隐私权等；狭义的人格权通常是指公民的名誉权。所谓尊严，是指人的自尊心不受伤害、个人价值不被贬低的权利。人格尊严不受侵犯，是做人的一个基本条件，也是社会文明进步的基本标志。该条表明宪法对我国公民人格尊严的保障。首先，享有人格尊严权的主体是自然人，法人或其他组织不享有人格尊严。其次，公民基于尊严在人格上不可冒犯、不可亵渎、不可侵越，任何主体不得以文字、言语、肢体动作等任何方式对公民进行侮辱、诽谤和诬告陷害。最后，宪法对保障公民人格尊严作概括性最高规定，与民法典、刑法及其他法律对人格尊严的保护相辅相成。

（六）住宅不受侵犯

《宪法》第三十九条规定："中华人民共和国公民的住宅不受侵犯。禁止非法搜查或者非法侵入公民的住宅。"该条不仅旨在保护公民个人住宅自由，对于保障公民住宅安全、维护社会秩序稳定性也具有重大意义。住宅是指公民生活和居住的固定场所，也是公民个人财产的主要存放场所，是公民赖以生存的主要条件。公民住宅的范围不仅包括通常所说的私人住房，还包括固定的宿舍、旅馆、办公室等居住场所；不仅包括建筑结构内部的居住场所，还应当包括建筑结构外部的得以侵犯公民私生活的场所、器具等。比如，在房屋外部的某一部位安装窃听器或者监视器用以窃听或者窥视公民的私生活，就属于对公民住宅的侵犯。该条主要包括以下含义：

第一，对公民住宅的搜查和侵入必须依据法律规定的条件和程序，任何行政法规或者地方性法规都不得对搜查或者侵入公民住宅的条件和程序作出规定。

第二，禁止非法搜查公民的住宅，主要是对公共权力而言的。对公民的住宅进行搜查是一项重要的刑事侦查方法。《刑事诉讼法》第一百三十六条规定了对公民的住宅进行搜查的条件，即“为了搜集犯罪证据、查获犯罪人，侦查人员可以对犯罪嫌疑人以及可能隐藏罪犯或者犯罪证据的人的身体、物品、住处和其他有关的地方进行搜查。”《刑事诉讼法》还分别规定了对公民的住宅进行搜查的程序，即进行搜查，必须向被搜查人出示搜查证；在搜查的时候，应当有被搜查人或者他的家属、邻居或者其他见证人在场；搜查的情况应当写成笔录，由侦查人员和被搜查人或者他的家属、邻居或者其他见证人签名、盖章。不符合《刑事诉讼法》规定的上述条件和程序，任何人、任何机关和组织都不得对公民的住宅进行搜查。

第三，禁止非法侵入他人住宅。所谓非法侵入他人住宅，是指非司法机关工作人员未依据法律规定就擅自进入他人住宅，或者未经主人同意而侵入他人住宅的行为。2020 年 4 月 15 日，著名的农民歌手“大衣哥”朱之文家被疯狂的粉丝滋扰，尽管朱之文表示因理解其是粉丝，虽行为不当，不建议追究责任。但鉴于违法事实存在，山东省单县公安局立即展开调查，并将两名涉嫌寻衅滋事的嫌疑人董某、周某抓获归案，分别予以依法行政拘留十日处罚。

（七）通信自由和通信秘密受到保护

《宪法》第四十条规定：“中华人民共和国公民的通信自由和通信秘密受法律的保护。除因国家安全或者追查刑事犯罪的需要，由公安机关或者检察机关依照法律规定的程序对通信进行检查外，任何组织或者个人不得以任何理由侵犯公民的通信自由和通信秘密。”通信自由是指公民通过书信、电话、电报、传真、电子邮件等方式，自主地与他人进行交往的自由。通信秘密是指公民与他人进行交往的信件、电话、电报、电子邮件等所涉及的内容，任何个人、任何组织或者单位都无权非法干预，无权偷看、隐匿、涂改、弃毁、扣押、没收、泄露或者窃听。通信自由和通信秘密是公民十分重要的宪法赋予的权利，核心在于保护公民的隐私权。没有精神活动自由，没有隐私权，实际无异于人的一切活动处于光天化日之下，使人的自由和尊严不复存在，而通信自由和通信秘密则是保护公民精神自由和隐私权的十分重要的屏障。本条对公民通信自由和通信秘密的规定，其基本的初衷也是通过保护公民的精神自由和隐私权，以维护人的尊严和自由，进一步实现公民的其他权利和自由，促进人的自身发展。

（八）监督权

《宪法》第四十一条规定：“中华人民共和国公民对于任何国家机关和国家工作人员，有提出批评和建议的权利；对于任何国家机关和国家工作人员的违法失职行为，有向有关国家机关提出申诉、控告或者检举的权利，但是不得捏造或者歪曲事实进行诬告陷害。对于公民的申诉、控告或者检举，有关国家机关必须查清事实，负责处理。任何人不得压制和打击报复。由于国家机关和国家工作人员侵犯公民权利而受到损失的人，有依照法律规定取得赔偿的权利。”本条所规定的国家机关是指国家的各级权力机关、行政机关、审判机关、检察机关及其所属部门；所规定的国家工作人员，是指上述国家机关的领导人员和普通工作人员。

批评权是指公民对国家机关及其工作人员在工作中的缺点和错误，提出批评意见的权利。建议权是指公民为帮助国家机关及其工作人员改进工作，对国家机关及其工作人员的各项工作，提出意见和建议的权利。控告权是指公民向有关国家机关指控或者告发某些国家机关及其工作人员各种违法失职行为的权利。包括到司法机关就有关的刑事诉讼、民事诉讼和行政诉讼的案件进行告发，到党的纪律检查机关告发，到行政机关告发等。申诉权是指公民对本人及其亲属所受到的有关处罚或者处分不服，或者受到不公正的待遇，向有关国家机关陈述理由、提出要求的权利。检举权是指公民对国家机关及其工作人员违法失职行为向有关国家机关予以揭发的权利。取得赔偿权是指由于国家机关和国家工作人员侵犯公民权利而受到损失的公民，有依照法律规定取得赔偿的权利。

（九）劳动权

《宪法》第四十二条规定：“中华人民共和国公民有劳动的权利和义务。国家通过各种途径，创造劳动就业条件，加强劳动保护，改善劳动条件，并在发展生产的基础上，提高劳动报酬和福利待遇。劳动是一切有劳动能力的公民的光荣职责。国有企业和城乡集体经济组织的劳动者都应当以国家主人翁的态度对待自己的劳动。国家提倡社会主义劳动竞赛，奖励劳动模范和先进工作者。国家提倡公民从事义务劳动。国家对就业前的公民进行必要的劳动就业训练。”

劳动的权利是指有劳动能力的公民有获得社会工作的资格，它包括三个方面的内容：一是公民有按照自己的劳动能力获得劳动的机会；二是公民有在劳动中获得适当劳动条件的权利；三是公民享有根据劳动的数量和质量取得劳动报酬和其他劳动所得的权利。本条规定了国家实现公民劳动权利的基本政策，这一政策包括四个方面的内容：一是国家通过各种途径，创造劳动就业条件，广开就业门路，扩大就业范围；二是国家加强劳动保护，改善劳动条件，加强改善为劳动者在劳动过程中的安全和健康而采取的各种劳动保险和安全措施；三是国家对公民进行必要的劳动就业训练，以保障其就业时能掌握初步的劳动技能；四是国家在发展生产的基础上，提高劳动报酬和福利待遇，最终满足人民群众日益增长的美好生活需要。

所谓劳动的义务，就是指有劳动能力的公民，应当以国家主人翁的态度对待劳动，忠于职守，遵守劳动纪律，完成劳动任务，将劳动视为自己的一项职责。具体地说，公民的劳动义务有以下几层含义：一是劳动是一切有劳动能力的公民的光荣职责；二是国有企业和城乡集体经济组织的劳动者应当以国家主人翁的态度对待劳动；三是劳动是一切有劳动能力的公民获得报酬的条件；四是国家提倡社会主义劳动竞赛，奖励劳动模范和先进工作者；五是国家提倡公民从事义务劳动。

在乡村振兴背景下，为全面提高农村劳动者素质，推动乡村人才振兴，全国农村地区积极开展职业技能培训工作，培育结构合理、技艺精湛、素质优良的技能人才队伍。同时，加大对脱贫劳动力技能培训力度，切实提高培训的有效性和针对性，实现培训与就业的无缝衔接，帮助脱贫劳动力实现高质量就业，助力乡村振兴。

（十）休息权

《宪法》第四十三条规定：“中华人民共和国劳动者有休息的权利。国家发展劳动者休息和休养的设施，规定职工的工作时间和休假制度。”休息权既可以保护劳动者的身体健康，提高劳动效率，也可以为劳动者提供一定时间参加文化和社会活动，丰富劳动者的文化生活和社会生活，提高生活质量。我国作为社会主义国家，高度重视劳动者的权利，提倡健康科学的工作方法，强调休息是为了更好地工作、更好地创造价值。此外，国家根据劳动者享受休息权的需要，在生产发展和国民经济发展的基础上，不断提高和改善用于劳动者休息和休养的物质条件。

在我国，劳动者的休息权主要是通过国家规定的工作时间和休假制度予以实现的。工作时间是指劳动者根据国家和企业事业单位的规定，从事劳动的时间。休假制度是劳动者根据国家和企业事业单位的规定，所享有的暂离工作岗位，保留工资进行休息和休假的制度。根据《劳动法》的规定，国家实行劳动者每日工作时间不超过 8 小时、平均每周工作时间不超过 40 小时的工时制度；用人单位应当保证劳动者每周至少休息 1 日；用人单位在元旦、春节、国际劳动节、国庆节以及法律、法规规定的其他节假日，应当依法安排劳动者休假；国家实行带薪年休假制度，劳动者连续工作 1 年以上的，享受带薪年休假。

（十一）受教育权

《宪法》第四十六条规定："中华人民共和国公民有受教育的权利和义务。国家培养青年、少年、儿童在品德、智力、体质等方面全面发展。"受教育的权利，是指公民有从国家获得接受教育的机会以及接受教育的物质帮助的权利。其中，教育的形式有学校教育、社会教育、成人教育、自学等；教育内部的等级包括学龄教育、初等教育、中等教育、高等教育以及职业教育等。

本条规定的一个重要特点是，将受教育既规定为公民的一项权利，又规定为公民的一项义务，是权利和义务的结合。说受教育是公民的一项义务，主要是基于以下理由：一方面，对于公民来说，人与动物的根本区别就在于，人是社会的人，必须谋求个人和社会的发展，而要谋求个人与社会的发展，受教育是一条基础性的不可缺少的途径，是人作为社会的一员所必须具备的条件。另一方面，对于国家来说，公民是组成国家的具体要素，国家的最重要职能就是谋求个人的幸福和发展，提高民族精神，增进社会道德，推动科技发展，实现国家的繁荣富强。要达到这些目标，就必须不断提高公民素质。而要提高公民素质，使其接受教育又成为必由之路。因此，国家就自然会将接受教育作为公民的一项义务予以要求。

六、公民基本义务

（一）维护国家统一和各民族团结

《宪法》第五十二条规定："中华人民共和国公民有维护国家统一和全国各民族团结的义务。"

1. 维护国家统一

维护国家统一是公民的一项基本义务。国家的统一包括三个方面的内容：（1）国家领土的统一。即国家的领陆、领水、领空是完整的统一体，属于中华人民共和国所有。中华人民共和国享有完整的所有权和管辖权，任何人不得破坏和分裂。（2）国家政权的统一。即中华人民共和国中央人民政府是中国唯一合法的统辖全国的政府，任何人不得分裂国家政权，破坏国家政权的统一。（3）国家主权的统一。即中华人民共和国享有独立自主地处理本国对内对外事务，不受外国或者其他势力干预的权力。任何人不得以任何方式破坏国家主权的统一，使国家主权从属于外国支配。

2. 维护民族团结

各民族团结互助，是各民族共同发展和繁荣的基本条件。各民族之间应当提倡互爱、互谅、互助。维护民族团结是指公民有责任维护民族之间的平等、和睦、融洽和合作的关系。任何人不得以任何形式制造民族纠纷，破坏民族团结。

（二）遵守法律、纪律和公共秩序，爱护公共财产，保守秘密和尊重社会公德

《宪法》第五十三条规定：“中华人民共和国公民必须遵守宪法和法律，保守国家秘密，爱护公共财产，遵守劳动纪律，遵守公共秩序，尊重社会公德。”本条规定的公民的义务有以下几个方面：（1）遵守宪法和法律。（2）保守国家秘密。国家秘密是指在国家活动中，不应当公布和向外透露的秘密文件、秘密资料、秘密情报和秘密情况等。（3）爱护公共财产。公共财产是指一切国家财产和集体财产。爱护公共财产包括两方面的内容：一是任何人必须珍惜和保护国家和集体的

财产；二是当公共财产受到破坏、威胁和出现危险的时候，任何公民有责任保护、捍卫和维护公共财产的安全。（4）遵守劳动纪律。劳动纪律是指在社会共同劳动中，劳动者必须共同遵守的劳动规章和制度。（5）遵守公共秩序。公共秩序是指社会生活中由法律、纪律和道德习惯等构成的要求人们共同遵守的行为准则。内容包括公共场所的活动秩序、交通秩序、工作秩序、社会管理秩序和群众生活秩序等。（6）尊重社会公德。社会公德是要求一般人共同遵守的公共道德准则。包括遵守纪律、讲究礼貌、讲究卫生等。

（三）维护国家安全、荣誉和利益

《宪法》第五十四条规定："中华人民共和国公民有维护祖国的安全、荣誉和利益的义务，不得有危害祖国的安全、荣誉和利益的行为。"国家的安全、荣誉和利益是维护国家的政权稳定和公民依法行使各项自由和权利的根本保障。因此，维护国家的安全、荣誉和利益是每一个公民的义务。根据本条的规定，公民不得以任何理由、任何形式，侵犯、损害和危及国家的安全、荣誉和利益。"祖国的安全"是指中华人民共和国的国家安全。它主要包括：（1）国家的领土、主权不受侵犯；（2）国家的政权不受威胁；（3）国家的社会秩序不被破坏；（4）国家的秘密不被泄露。"祖国的荣誉"是指中华人民共和国国家的荣誉和尊严。它主要包括：（1）国家的尊严不受侵犯；（2）国家的信誉不受破坏；（3）国家的荣誉不受玷污；（4）国家的名誉不受侮辱。"祖国的利益"是指中华人民共和国的国家利益。国家利益的范围十分广泛，对外主要是指国家政治、经济、文化、荣誉等方面的权利和利益；对内主要是指相对于集体利益和个人利益的国家利益。对于危害国家安全、荣誉和利益的行为及其法律责任，《刑法》《国家安全法》等法律都已经作出了规定。

（四）保卫祖国、抵抗侵略和依法服兵役

《宪法》第五十五条规定：“保卫祖国、抵抗侵略是中华人民共和国每一个公民的神圣职责。依照法律服兵役和参加民兵组织是中华人民共和国公民的光荣义务。”国家的安全、领土完整和主权独立，关系到全体人民各项权利和自由能否实现，关系到改革开放和社会主义现代化建设能否顺利进行，关系到中华民族的生死存亡。因此，保卫祖国、抵抗侵略，是每一个公民义不容辞的光荣职责。“保卫祖国”是指保卫国家领土完整、主权独立、政权统一以及捍卫国家的尊严。“抵抗侵略”是指抵御抗拒外国及其他外来势力对我国领土的非法入侵。公民保卫祖国、抵抗侵略的直接方式就是服兵役和参加民兵组织。服兵役包括参加中国人民解放军和中国人民武装警察部队。民兵组织是指不脱离生产的群众武装组织，是中国人民解放军的助手和后备力量。服兵役、参加民兵组织是公民的一项光荣义务和神圣职责。

由于公民服兵役、参加民兵组织的义务，是涉及保卫祖国、抵抗侵略、巩固国防建设的重大事项，因此，必须由法律作出规定。目前，我国已制定了《国防法》《兵役法》《中国人民解放军现役军官服役条例》《中国人民解放军现役士兵服役条例》《预备役军官法》《中国人民解放军军官军衔条例》和《民兵工作条例》等一系列法律法规，对公民保卫祖国、抵抗侵略的神圣职责，以及依法服兵役、参加民兵组织的制度作出详细规定。根据《兵役法》的规定，服兵役的义务是指中华人民共和国公民不分民族、种族、职业、家庭出身、宗教信仰和教育程度，都有义务服兵役。但是，有严重生理缺陷或者严重残疾不适合服兵役的人，免服兵役；依照法律被剥夺政治权利的公民，不得服兵役。

典型案例

案情简介

2021 年 3 月 9 日，浙江省台州市天台县人民政府发布消息，天台县政府、县人武部发出《关于对拒服兵役青年进行处罚的通报》。通报称，周某（出生于 2002 年 6 月）、戴某某（出生于 2000 年 11 月）于 2020 年 9 月从天台县入伍到解放军北部战区某部。在新兵训练期间，他们怕苦怕累思想严重，多次以适应不了部队生活为由提出退役申请，拒绝、逃避服兵役。在部队各级、兵役机关和家长的反复劝说和教育引导下，仍态度坚决，拒绝继续服兵役，并自愿承担相关处罚。2020 年 12 月，周某、戴某某被部队依据《中国人民解放军纪律处分条例》按拒服兵役除名处理，退回原籍。

为进一步维护依法服兵役的严肃性，警示教育全县适龄青年，根据《兵役法》《浙江省征兵工作条例》《国务院关于建立完善守信联合激励和失信联合惩戒制度加快推进社会诚信建设的指导意见》（国发〔2016〕33 号）和《关于解决入伍新兵拒服兵役问题暂行办法》（军动〔2018〕238 号）相关规定，经县研究决定，对周某、戴某某拒服兵役行为依法实施了一系列处罚措施。

案例评析

近年来，媒体公开报道了多起拒服兵役典型案例。这些拒服兵役青年在自愿入伍后，因个人原因怕苦怕累不愿继续在部队服役，经军地领导及家人多次沟通无果后，最终被部队作除名处理，退回原籍（或征集地）。在依法征集送入部队兵员中，凡出现拒服兵役人员，都应当受到严厉的处罚，从而在全社会树立依法征兵、依法服役的正确导向，切实维护依法服兵役的严肃性和权威性。

（五）依法纳税

《宪法》第五十六条规定：“中华人民共和国公民有依照法律纳税的义务。”税收是国家为实现其职能，凭借政治权力，由税务机关按照法定比例向公民或者企业事业组织强制、无偿地征收货币和实物的行为。它的特点是具有强制性、无偿性和法定性。在社会主义国家，国家的一切权力属于人民，人民通过选举产生各级国家政权机关，代替人民行使当家作主的权利。国家政权机关以及其他具有公共服务职能的机构，职责是为人民服务。实现为人民服务的职能，需要适当数量的经费开支，因而需要建立税收制度，向公民征税。社会主义国家税收的基本原则是取之于民，用之于民。公民向国家纳税，是实现人民民主专政的国家职能所必需的，是一项光荣的义务。因此，作为国家公共服务的享有者，每个公民都应当承担依法纳税义务。

第三章

民法典

民法典规范各类民事主体的各种人身关系和财产关系，涉及社会和经济生活的方方面面。因此，被称为社会生活的“百科全书”、民众权利的“宣言书”、市场经济的“基本法”。它的颁布实施必定对我国法治国家、法治政府、法治社会建设带来更积极、更全面、更规范的影响，也会对坚持和完善中国特色社会主义制度、推进国家治理体系和治理能力现代化，保障人民群众美好幸福生活提供充分的法律保障。2020 年 5 月 28 日，《民法典》获十三届全国人大三次会议高票通过。这是中华人民共和国成立以来第一部以“法典”命名的法律，是新时代我国社会主义法治建设的重大成果，是一部固根本、稳预期、利长远的基础性法典。《民法典》分七编及附则，共一千二百六十条，各编依次为总则、物权、合同、人格权、婚姻家庭、继承、侵权责任。《民法典》是保障公民个人权益的基本法，是社会生活的百科全书，为人民群众的生命健康、财产安全、交易便利、生活幸福、人格尊严等各方面权利提供了全方位保护。

一、将绿色原则确立为民法的基本原则

绿色发展是新发展理念的重要内容，是要解决人与自然和谐共生问题。进入新时代，人民群众对优美生态环境的需要日益增长，期盼天更蓝、山更绿、水更清、环境更优美。为贯彻落实习近平生态文明思想，《民法典》将绿色原则确立为民法的基本原则，以法治手段引导人与自然和谐共生，推动形成绿色发展方式和生活方式。

首先，《民法典》第九条规定："民事主体从事民事活动，应当有利于节约资源、保护生态环境。"这一总括性规定，将绿色原则确立为民事主体从事民事活动的一项基本原则，为将绿色原则体现在《民法典》各分编中提供了依据。

其次，《民法典》在将绿色原则确立为民法基本原则的基础上，还将其融入具体规则之中，促进资源节约和生态环境保护实践深入开展。《民法典》物权编规定了自然资源有偿使用制度。遵守有关保护和合理开发利用资源、保护生态环境的法律规定，成为用益物权人行使权利的前提条件。这就以具体条款对民事主体行使用益物权提出了绿色环保要求。合理开发利用资源、保护生态环境，构成了对用益物权的法定限制。物权编还明确规定，设立建设用地使用权，应当符合节约资源、保护生态环境的要求。合同编规定，当事人在履行合同过程中，应当避免浪费资源、污染环境和破坏生态。这就要求市场经济活动应当遵循尊重自然、顺应自然、保护自然的生态文明理念。《民法典》中这些绿色条款，将生态文明理念落实到民事主体的日常生产生活中，确保民事主体的经济社会活动处于自然资源和生态环境所能承受的限度内，民事权利具有更加丰富的绿色内涵。

最后，建设生态文明，推动形成绿色发展方式和生活方式，需要通过法治手段解决生态领域的突出问题，特别是对于严重破坏生态环境的行为必须予以法律制裁，用法律保障资源节约和生态环境保护，提升公众环保意识和生态道德水平。在这方面，《民法典》同样作出相应规定。侵权责任编对违反法律规定故意污染环境、破坏生态造成严重后果的侵权责任作出专门规定，设立了环境污染、生态破坏侵权的惩罚性赔偿制度，并要求违反国家规定造成生态环境损害的侵权人对能够修复的生态环境在合理期限内承担修复责任，明确了国家规定的机关或者法律规定的组织有权请求违反国家规定造成生态环境损害的侵权人赔偿的损失和费用类别。这些规定为我国生态环境侵权的民事赔偿提供了依据，能够对环境污染、生态破坏侵权行为起到预防和惩戒作用，有助于更好保护受害人的合法权益，推动生态文明建设。

良好的生态环境是最普惠的民生福祉，也是最公平的公共产品。用最严格制度最严密法治保护生态环境，是《民法典》有关生态环境立法的基本追求。随着《民法典》的颁布实施，《民法典》确立的一系列保护生态环境的措施，必将在维护人民环境权益、化解矛盾纠纷、建设生态文明中发挥积极作用。

典型案例

案情简介

因为养鸡棚的鸡常常莫名其妙地死去，王某意识到必须“来一次彻底的消毒”。于是，他自行配制了一些剧毒农药喷洒，准备在清洗完并让气味完全挥发后，再恢复养鸡。而对于剩余的农药和装农药的塑料桶等，则顺手扔进了附近的一条水沟。岂料，污水流入位于下游的李某的鱼塘后，造成400余公斤的鱼被毒死。面对李某的赔偿请求，王某不但一再拒绝，反而振振有词：“我根本就不想毒死你的鱼，也没有料到会毒死鱼！”法院判决由王某赔偿全部损失。

案例评析

“绿水青山就是金山银山”。节约资源、保护生态环境在宪法和相关环境保护法律中都有规定。但是，现实中，乱砍滥伐，破坏农地林地生态；生产生活中，乱排放废水、废气、废弃物等污染物，乱扔垃圾废物，甚至是病死禽畜，滥用农药污染土壤，给江河湖海造成严重污染；还有噪声、辐射、光电污染的行为，给人民生活造成严重影响，危害人民的生命健康。本案例中的王某就是一个典型例子。《农药管理条例》规定，农药使用者应当保护环境，保护有益生物和珍稀物种，不得在饮用水水源保护区、河道内丢弃农药、农药包装物或者清洗施药器械。严禁在饮用水水源保护区内使用农药，严禁使用农药毒鱼、虾、鸟、兽等。本案例中，王某擅自配置剧毒农药，并将未用完的农药和装农药的塑料桶随意丢入水沟内，结果造成生态环境污染，导致李某的400多公斤鱼被毒死，给李某带来巨大经济损失。经济发展不能以牺牲资源和环境为代价。《民法典》确立的“绿色原则”作为民事活动的基本原则，既传承了天地人和、人与自然和谐共生的我国优秀传统文化理念，又体现了社会主义核心价值观和新发展理念。

二、物权编的主要制度和创新

物权是民事主体享有的最重要的财产权益。物权法律制度调整因物的归属和利用而产生的民事关系，是最重要的民事基本制度之一。《民法典》物权编在原《物权法》基础上，按照关于“健全归属清晰、权责明确、保护严格、流转顺畅的现代产权制度”的要求，规定了各类财产关系的物权制度，平等保护各类公私物权，进一步完善了物权法律制度。

（一）物权制度的基础性规范

物权编第一分编即通则，对物权制度基础性规范作了规定，包括平等保护等物权基本原则、物权变动的具体规则，以及物权保护制度。

（1）确立物权平等保护原则。《民法典》第二百零七条规定：“国家、集体、私人的物权和其他权利人的物权受法律平等保护，任何组织或者个人不得侵犯。”这是第一次用法律的形式明确了物权平等保护原则。《民法典》明确规定物权平等保护的原则，彻底摒弃了计划经济时期盛行的“所有权等级论”，意味着在法律面前无论国家、集体还是私人的财产，都能享受法律相同力度的保护，这是对改革开放四十多年成果的法律确认，也赋予公众更多“有恒产”的信心。

（2）物权变动公示原则。不动产物权变动的公示方式是依法登记。动产物权变动的公示方式是交付。《民法典》第二百零八条规定：“不动产物权的设立、变更、转让和消灭，应当依照法律规定登记。动产物权的设立和转让，应当依照法律规定交付。”

（二）所有权制度

所有权是物权的基础，是权利人对自己的不动产或者动产依法享有占有、使用、收益和处分的权利，其中处分权是拥有所有权的根本标志。根据《民法典》第二百四十条的规定，所有权包括四项权能：对不动产或者动产依法享有占有权、使用权、收益权和处分权。《民法典》第二百四十一条规定："所有权人有权在自己的不动产或者动产上设立用益物权和担保物权。用益物权人、担保物权人行使权利，不得损害所有权人的权益。"

物权编第二分编规定了所有权制度，包括所有权人的权利，征收和征用规则，国家、集体和私人的所有权，相邻关系、共有等所有权基本制度。关于国家、集体和私人的所有权，《民法典》第二百四十二条规定："法律规定专属于国家所有的不动产和动产，任何组织或者个人不能取得所有权。"

（三）用益物权制度

用益物权是因不动产或者动产的使用价值产生的权利，指权利人对他人所有的不动产或者动产，依法享有占有、使用和收益的权利。物权编第三分编规定了用益物权制度，明确了用益物权人的基本权利和义务，以及土地承包经营权、建设用地使用权、宅基地使用权、居住权、地役权等用益物权。

关于住宅建设用地使用权、土地承包经营权、居住权等用益物权，《民法典》在《物权法》规定的基础上，作了进一步完善。一是落实关于完善产权保护制度依法保护产权的要求，明确住宅建设用地使用权期限届满的，自动续期；续期费用的缴纳或者减免，依照法律、行政法规的规定办理。二是完善农村集体产权相关制度，落实农村承包地"三权分置"改革的要求，对土地承包经营权的相关规定作了完善，增加土地经营权的规定，并删除耕地使用权不得抵押的规定，以适应"三权分置”后土地经营权入市的需要。考虑到农村集体建设用地和宅基地制度改革正在推进过程中，《民法典》《土地管理法》等作了衔接性规定。三是为贯彻党的十九大提出的加快建立多主体供给、多渠道保障住房制度的要求，增加规定“居住权”这一新型用益物权，明确居住权原则上无偿设立，居住权人有权按照合同约定或者遗嘱，经登记占有、使用他人的住宅，以满足其生活居住的需要。

典型案例

案情简介

由于历史和现实的原因，农村女性在离婚后容易受到住房问题的困扰。那么，农村妇女离婚后可以请求法院判令对农村房屋享有居住权吗？陈女士和李先生原是一对夫妻，陈女士是贵州人，李先生是江苏启东本地人，两个人在外出打工的时候认识。后陈女士从贵州远嫁至启东，婚后共同居住在惠萍镇某村的自建房中，双方婚初感情尚可并育有一子小李。然而近年来，李先生在与朋友交往中染上赌博恶习，将家中原有的积蓄尽数输光。2018 年起，李先生为了躲避债务没有回过家，也未与家人联系。陈女士曾于 2019 年向启东法院起诉要求离婚，后经启东法院判决不准离婚。现因李先生仍下落不明、杳无音信，陈女士再次向启东法院起诉要求离婚，并同时以抚育、陪伴孩子上学为由要求法院判令她和儿子对李先生的婚前房屋享有居住权。法院最终判决如下：（1）准予原告陈女士与被告李先生离婚；（2）婚生子由原告陈女士抚养，被告李先生支付一定的抚养费；（3）原告陈女士与婚生子对被告李先生位于启东市惠萍镇某村的房屋享有居住权（具体房间），居住期限至婚生子年满 18 周岁。

案例评析

本案涉及离婚案件中农村妇女居住权的权益保障问题。居住权作为《民法典》增设的一个新的权利，居住权制度的核心价值在于保障老年人、妇女以及未成年人等弱势群体的基本生活需求。离婚后取得居住权的依据是离婚经济帮助制度，基于对离婚案件中弱势群体一方居住权利的保障，法院可判决生活困难的一方享有另一方的房屋居住权。

三、合同编的重要发展和创新

合同编的编纂立足我国国情，系统总结改革开放以来我国的合同立法、司法经验和理论研究成果，同时充分借鉴国际经验，以原《合同法》为基础，针对合同领域出现的新情况新问题，对我国的合同法律制度进行了全面系统的修改和完善。

（一）根据现实需要，增加典型合同类型

以法律是否设有规范并赋予一个特定的名称为标准，可将合同区分为典型合同与非典型合同。《合同法》只规定了 15 种典型合同，《民法典》合同编保留了其中十四种典型合同，删除了居间合同，并新增了五种：保证合同、保理合同、物业服务合同、中介合同以及合伙合同，使合同编共包含 19 种典型合同。

物业服务一直是被很多小区业主所诟病的问题，有的小区业主和物业之间的关系一度处于水深火热之中。此次《民法典》合同编专门将物业服务合同作为典型合同独立出来，足以说明国家层面对这一问题的重视。合同编明确规定了物业服务合同的内容及形式，规定了物

业服务人定期公开与报告义务，明确了物业服务人催缴物业费的方式等事项。

（二）坚持问题导向，体现时代特征

合同编突出问题导向，积极回应广大人民群众高度关注的痛点难点问题，作出了有针对性的规定。一是为了适应电子商务和数字经济快速发展的需要，《民法典》在法条中增加了对电子合同订立与履行的特殊规则的规定，这使得很多新形式互联网交易产生纠纷时有法可依。二是为了平衡合同双方当事人的利益，在总结司法实践经验的基础上，《民法典》增加规定了情势变更制度，对情势变更制度的适用条件及法律效果作了规定。三是为了防范金融风险，维护正常的金融秩序，《民法典》明确规定，禁止高利放贷，贷款的利率不得违反国家有关规定。四是针对近年来客运合同领域出现的旅客“霸座”、不配合承运人采取安全运输措施等严重干扰运输秩序和危害运输安全的问题，维护正常的运输秩序，《民法典》细化了客运合同当事人的权利和义务。五是为落实党中央提出的建立租购同权住房制度的要求，保护承租人利益，促进住房租赁市场的健康发展，《民法典》增加了房屋承租人的优先承租权制度。

典型案例

案情简介

随着经济社会的不断发展，人们的法律意识也在不断提高。民间借贷在现实生活中非常普遍，虽然法律明文禁止借款利息预先从本金扣除，但由此引发的矛盾纠纷并不在少数。当事人王某和李某均为山东省禹城市莒镇某村村民。2020 年 3 月 11 日，王某因养鱼购买饲料急需用钱，向李某借款 3 万元，并写下借据：“今借到李某现金人民币 3 万元，借款期限 3 个月，月利息 2%。借款人王某。2020 年 3 月 11 日。”李某实际给付王某现金 2.6 万元，4000 元作为利息并直接扣除。王某答应李某在 6 月 11 日前全部偿还。可是进入夏季后，由于天气炎热，鱼池缺水缺氧，王某鱼塘损失惨重，未能如期偿还借款。李某多次向王某催要借款未果，到莒镇司法所要求王某按借据约定的金额及利息偿还借款。李某提出抗辩：3 万元只用 3 个多月，扣除 4000 元利息太高，并表示只愿偿还本金。找到矛盾焦点后，莒镇司法所所长对双方当事人进行了“背对背”调解。首先向李某讲明借款利息过高不受法律保护，李某认识到自己的错误后表示让步。然后又对王某动之以情晓之以理进行劝说。最后双方达成一致，按照实际借款额 2.6 万元、月利息 1.2%、借款 3 个月计算本金及利息。王某通过亲友凑齐 2.756 万元，当即归还李某，此次纠纷得到解决。

案例评析

本案具有典型的教育意义。莒镇司法所在调解矛盾纠纷的同时，不失时机地对辖区居民以案释法，大力开展《民法典》宣传教育，在一定程度上取得“调解一案、普法一片”的普法效果。面对民间借贷纠纷，尤其是在广大农村地区，采取“调解一案、普法一片”的工作新模式，把普法工作贯穿人民调解工作全过程，通过打造普法 + 调解、把普法融入调解各环节、建立“以案释法”制度，增强当事人和广大人民群众法律意识和法治观念，达到“调解一案、普法一片”的效果，有利于全面推进乡村振兴。

四、人格权编的主要制度与创新

经过改革开放四十多年的发展，人民群众在物质生活水平得到极大提高的同时，对精神权利的追求日益提升，已成为对美好生活向往的重要方面和内容。这些精神性权利，在民法上集中体现为人格权。《民法典》将人格权制度独立设为一编，强调人格权保护，这既是《民法典》的一大亮点，也是一个重大的制度创新。人格权编规定了人格权的一般规则，并对生命权、身体权和健康权、姓名权和名称权、肖像权、名誉权和荣誉权、隐私权和个人信息保护等作了明确规定。

（一）人格权的一般性规则

人格权编第一章规定了人格权的一般性规则。包括以下几个方面：一是明确人格权的保护范围。民事主体享有生命权、身体权、健康权、姓名权、名称权、肖像权、名誉权、荣誉权、隐私权等权利。自然人还享有基于人身自由、人格尊严产生的其他人格权益。二是规定民事主体的人格权受法律保护，人格权不得放弃、转让或者继承。三是规定人格权受到侵害后的救济方式。首先，规定人格权受到侵害时，有关请求权不受诉讼时效限制。即受害人的停止侵害、排除妨碍、消除危险、消除影响、恢复名誉、赔礼道歉请求权，不适用诉讼时效的规定。其次，主张违约责任时可同时要求精神损害赔偿。因当事人一方的违约行为，损害对方人格权并造成严重精神损害，受损害方选择请求其承担违约责任的，不影响受损害方请求精神损害赔偿。再次，针对侵害人格权的行为人可申请行为禁令。民事主体有证据证明行为人正在实施或者即将实施侵害其人格权的违法行为，不及时制止将使其合法权益受到难以弥补的损害的，有权依法向人民法院申请采取责令行为人停止有关行为的措施。最后，对人格权侵权责任赔偿进行区分不同因素的差异化处理。认定行为人承担侵害除生命权、身体权和健康权外的人格权的民事责任，应当考虑行为人和受害人的职业、影响范围、过错程度，以及行为的目的、方式、后果等因素。

（二）生命权、身体权和健康权

人格权编第二章规定了生命权、身体权和健康权的具体内容，并对实践中社会比较关注的有关问题作了有针对性的规定。一是为促进医疗卫生事业的发展，鼓励遗体捐献的善行义举，《民法典》吸收行政法规的相关规定，确立器官捐献的基本规则。二是为规范与人体基因、人体胚胎等有关的医学和科研活动，明确从事此类活动应遵守的规则。三是在总结既有立法和司法实践经验的基础上，规定了性骚扰的认定标准，以及机关、企业、学校等单位防止和制止性骚扰的义务。

（三）姓名权和名称权

人格权编第三章规定了姓名权、名称权的具体内容，并对民事主体尊重保护他人姓名权、名称权的基本义务作了规定。一是对自然人选取姓氏的规则作了规定。二是明确对具有一定社会知名度，被他人使用足以造成公众混淆的笔名、艺名、网名等，参照适用姓名权和名称权保护的有关规定。

典型案例

案情简介

2009 年，山东省济南市民吕某给女儿起了一个既不随父姓、也不随母姓的诗意名字——“北雁云依”。在办理户口登记时，被当地燕山派出所以姓名“北雁云依”不符合办理户口登记条件为由而拒绝。为此，吕某于2009年12月17日以被监护人“北雁云依”的名义向济南市历下区人民法院提起行政诉讼，成为全国首例姓名权行政诉讼案。此案经两次公开开庭，因案件涉及法律适用问题，需要送请有权机关作出解释或者确认，于2010年3月11日裁定中止审理。2015年4月21日，历下区法院根据有关机关对“姓名权”作出的立法解释，决定恢复审理。4月24日，历下区法院依法决定，驳回原告“北雁云依”要求确认被告燕山派出所拒绝以“北雁云依”为姓名办理户口登记行为违法的诉讼请求。

案例评析

子女的姓氏应当随父姓或者母姓，在父姓和母姓之外选取姓氏的，应当符合法律规定。《民法典》第一千零一十五条规定：“自然人应当随父姓或者母姓，但是有下列情形之一的，可以在父姓和母姓之外选取姓氏：（一）选取其他直系长辈血亲的姓氏；（二）因由法定扶养人以外的人扶养而选取扶养人姓氏；（三）有不违背公序良俗的其他正当理由。少数民族自然人的姓氏可以遵从本民族的文化传统和风俗习惯。”首先，从社会管理和发展的角度，子女承袭父母姓氏有利于提高社会管理效率，便于管理机关和其他社会成员对姓氏使用人的主要社会关系进行初步判断。其次，公民选取姓氏涉及公序良俗。公民对姓氏传承的重视和尊崇，不仅仅体现了血缘关系、亲属关系，更承载着丰富的文化传统、伦理观念、人文情怀，符合主流价值观念，而如果任由公民凭个人喜好随意选取姓氏甚至自创姓氏，则会造成对文化传统和伦理观念的冲击，违背社会良善风俗和一般道德要求。最后，公民依法享有姓名权，公民行使姓名权属于民事活动，应当尊重社会公德，不得损害社会公共利益。通常情况下，在父姓和母姓之外选取姓氏的行为，主要存在于实际抚养关系发生变动、有利于未成年人身心健康、维护个人人格尊严等情形。本案中，“北雁云依”的父母仅凭个人喜好愿望创设姓氏，具有明显的随意性，因此不应给予支持。

（四）肖像权

人格权编第四章规定了肖像权的权利内容及许可使用肖像权的规则，明确禁止侵害他人的肖像权。一是针对利用信息技术手段“深度伪造”他人的肖像、声音，侵害他人人格权益，甚至危害社会公共利益等问题，规定禁止任何组织或者个人利用信息技术手段伪造等方式侵害他人的肖像权。并明确对自然人声音的保护，参照适用肖像权保护的有关规定。二是为了合理平衡保护肖像权与维护公共利益之间的关系，结合司法实践，规定肖像权的合理使用规则。三是从有利于保护肖像权人利益的角度，对肖像许可使用合同的解释、解除等作了规定。

（五）名誉权和荣誉权

人格权编第五章规定了名誉权和荣誉权的内容。一是为了平衡个人名誉权保护与新闻报道、舆论监督之间的关系，对行为人实施新闻报道、舆论监督等行为涉及的民事责任承担，以及行为人是否尽到合理核实义务的认定等作了规定。二是规定民事主体有证据证明报刊、网络等媒体报道的内容失实，侵害其名誉权的，有权请求更正或者删除。

（六）隐私权和个人信息保护

人格权编第六章强化对隐私权和个人信息的保护，并为下一步制定个人信息保护法留下空间。一是规定了隐私的定义，并列明禁止侵害他人隐私权的具体行为。二是界定了个人信息的定义，明确了处理个人信息应遵循的原则、条件。三是构建自然人与信息处理者之间的基本权利义务框架，明确处理个人信息不承担责任的特定情形，合理平衡保护个人信息与维护公共利益之间的关系。四是规定国家机关及其工作人员负有保护自然人的隐私和个人信息的义务。

五、婚姻家庭编的主要制度与创新

《民法典》婚姻家庭编吸收了原《婚姻法》、原《收养法》以及相关司法解释的内容，弘扬社会主义核心价值观，结合社会发展需要，完善了我国的婚姻家庭制度。

（一）婚姻家庭领域的基本原则和规则

（1）重申婚姻家庭的禁止性规定。即禁止包办、买卖婚姻和其他干涉婚姻自由的行为；禁止借婚姻索取财物；禁止重婚；禁止有配偶者与他人同居；禁止家庭暴力；禁止家庭成员间的虐待和遗弃。对于重婚、同居和家暴的禁止性规定，一旦违反，则可能在离婚中面临对无过错方进行损害赔偿的后果，情节特别严重的，还可能触犯《刑法》的相关规定。

（2）规定家庭文明建设。为贯彻落实习近平总书记有关加强家庭文明建设的重要讲话精神，更好地弘扬家庭美德，将社会主义核心价值观注入家庭建设中，规定家庭应当树立优良家风，弘扬家庭美德，重视家庭文明建设。

（3）保护未成年人。为了更好地维护未成年人的合法权益，吸收国际公约中保护儿童利益的基本原则，将联合国《儿童权利公约》关于儿童利益最大化的原则落实到收养工作中，增加了最有利于被收养人的原则的规定。

（4）界定亲属、近亲属、家庭成员的范围。《民法典》第一千零四十五条规定："亲属包括配偶、血亲和姻亲。配偶、父母、子女、兄弟姐妹、祖父母、外祖父母、孙子女、外孙子女为近亲属。配偶、父母、子女和其他共同生活的近亲属为家庭成员。"通过规定家庭成员和家风建设，促进家庭关系的稳定，为社会进步和社会发展提供保障，让人民安居乐业，享受幸福安康的生活。

（二）结婚制度

（1）婚龄。原《婚姻法》规定的法定婚龄为男22周岁、女20周岁。《民法典》第一千零四十七条维持了这个规定。

（2）尊重婚姻自主权。1950年《婚姻法》将性病、麻风病作为禁婚疾病，这符合当时的社会条件。随着医疗水平的提高，这些疾病被消灭或者可治愈，所以1980年《婚姻法》没有规定禁婚疾病名称，只是将"患有医学上认为不应当结婚的疾病"作为禁婚条件。但究竟哪些疾病是医学上认为不应当结婚的，一直没有明确规定。结婚主要取决于男女双方的感情，是否和有疾病的人结婚，应是当事人自主决定的事情，国外鲜有禁婚疾病的规定。为尊重当事人的婚姻自主权，婚姻家庭编不再将"患有医学上认为不应当结婚的疾病"作为禁止结婚的情形。

（3）完善可撤销婚姻的规定。一是增加一项可撤销婚姻的情形。《民法典》第一千零五十三条规定，一方患有重大疾病的，应当在结婚登记前如实告知另一方；不如实告知的，另一方可以向人民法院请求撤销婚姻。二是完善受胁迫可撤销婚姻的规定。将受胁迫一方请求撤销婚姻的期间起算点由“自结婚登记之日起”修改为“自胁迫行为终止之日起”，以更好地保护受胁迫方的利益。

（4）保护无效或者可撤销婚姻中的无过错方。婚姻无效或者被撤销，通常都会给无过错方带来损害。为了有效地保护无过错方的利益，《民法典》第一千零五十四条第二款规定：“婚姻无效或者被撤销的，无过错方有权请求损害赔偿。”

（5）同性不得为婚姻。婚姻是男女夫妻的结合，但在立法过程中，也有意见建议在《民法典》中规定同性婚姻。对此，研究认为，我国实行的一夫一妻制，是一男一女结为夫妻的婚姻制度，是整个婚姻制度的基石，是千百年传承下来的，符合我国文化传统和现实国情。目前，世界上的绝大多数国家都不承认同性婚姻的合法性。因此，《民法典》坚持和维护我国男女结合、一夫一妻的婚姻制度。

（三）基于亲属关系的身份权制度

（1）规定夫妻共同亲权原则。《民法典》总则编第二十六条第一款规定：“父母对未成年子女负有抚养、教育和保护的义务。”这是共同亲权原则的基本要求。在此基础上，《民法典》第一千零五十八条确立了共同亲权原则的具体规则，即“夫妻双方平等享有对未成年子女抚养、教育和保护的权利，共同承担对未成年子女抚养、教育和保护的义务”。

（2）规定家事代理权。《民法典》第一千零六十条规定了夫妻之间的家事代理权，进一步完善了配偶权的内容。在处理日常家庭事务之时，夫妻互为代理人，互有代理权。因此，只要是家事上的开支，夫或妻任何一方都有单独的处理权，可以与第三人实施一定的法律行为；

无论对方对该代理行为知晓与否、追认与否，夫妻双方均应对该行为的法律后果承担连带责任。

（3）明确夫妻共同债务的范围。尽管原《婚姻法》没有对夫妻共同债务的范围作出规定，但在司法解释和司法实践中，往往对夫妻共同债务存在不同认识，也导致夫妻共同债务问题成为近年来社会关注的热点问题。2018 年 1 月发布的《最高人民法院关于审理涉及夫妻债务纠纷案件适用法律有关问题的解释》修改了此前的规定，明确夫妻共同债务的认定规则，并合理分配举证证明责任，目的就是平衡保护各方当事人的合法权益。《民法典》吸收了该司法解释的相关内容，并在第一千零六十四条中再次明确了夫妻共同债务的范围，同时在第一千零六十五条第三款中规定了例外情形，即“夫妻对婚姻关系存续期间所得的财产约定归各自所有，夫或者妻一方对外所负的债务，相对人知道该约定的，以夫或者妻一方的个人财产清偿”。

（4）规范亲子关系确认和否认之诉。亲子关系问题涉及家庭稳定和未成年人的保护。作为民事基本法律，《民法典》第一千零七十三条第一款规定：“对亲子关系有异议且有正当理由的，父或者母可以向人民法院提起诉讼，请求确认或者否认亲子关系。”与此同时，为更好维护家庭关系，避免成年子女通过否认亲子关系来逃避对父母的赡养义务，《民法典》也提高了亲子关系确认或否认之诉的门槛，规定成年子女需要有正当理由才能提起亲子关系的确认之诉，并对成年子女提起亲子关系否认之诉予以限制。

（四）离婚制度

（1）增加登记离婚的离婚冷静期制度。《民法典》第一千零七十七条规定了提交离婚登记申请后 30 日的离婚冷静期，在此期间，任何一方可以向婚姻登记机关撤回离婚登记申请。离婚冷静期届满后，双方仍自愿离婚的，“双方应当亲自到婚姻登记机关申请发给离婚证；未申请的，视为撤回离婚登记申请”。

（2）针对离婚诉讼中出现的“久调不判”问题加以规定。在诉讼离婚中，夫妻感情破裂是法院判决离婚的条件，但当事人很难提供夫妻感情已破裂的证据，法院也很难仅凭借双方当事人的言辞表述就认定夫妻感情是否破裂。因此，实践中出现了当事人数次诉讼离婚均未离成的情况。针对这种情形，增加《民法典》第一千零七十九条第五款规定“经人民法院判决不准离婚后，双方又分居满一年，一方再次提起离婚诉讼的，应当准予离婚”。

（3）关于离婚后子女的规定。《民法典》第一千零八十四条将原《婚姻法》规定的“哺乳期内的子女，以随哺乳的母亲抚养为原则”修改为“不满两周岁的子女，以由母亲直接抚养为原则”，可操作性大大增强。同时，增加规定法院在判决子女抚养权时，应当按照最有利于未成年子女的原则，子女已满八周岁的，应当尊重其真实意愿。如果子女的选择明显对其不利的，出于对未成年人利益的保护，法院也可以将抚养权判归另一方所有。

（4）对家庭负担较多义务一方权益的保护制度。将夫妻采用法定共同财产制纳入适用离婚经济补偿的范围。《民法典》第一千零八十八条规定：“夫妻一方因抚育子女、照料老年人、协助另一方工作等负担较多义务的，离婚时有权向另一方请求补偿，另一方应当给予补偿。具体办法由双方协议，协议不成的，由人民法院判决。”

（五）收养制度

（1）扩大被收养人的范围。《民法典》第一千零九十三条删除原

《收养法》第四条中被收养的未成年人仅限于不满 14 周岁的限制，修改为符合条件的未成年人均可被收养，这弥补了原本 14 周岁以上的未成年人不能被收养的遗憾，有助于满足收养的多元需求与价值期待。

（2）调整收养子女的数量。与国家计划生育政策的调整相协调，《民法典》第一千零九十八条将原《收养法》中收养人须“无子女”的要求修改为收养人“无子女或者只有一名子女”。同时，第一千一百条进一步明确了可以收养子女的数量：“无子女的收养人可以收养两名子女；有子女的收养人只能收养一名子女。”

（3）体现性别平等的收养观念。为保障收养人和被收养人的合法权益，构建遵循伦理、平等有序的收养关系，《民法典》第一千一百零二条修正了原《收养法》第九条关于“无配偶的男性收养女性的，收养人与被收养人的年龄应当相差四十周岁以上”的规定，将其改为“无配偶者收养异性子女的，收养人与被收养人的年龄应当相差四十周岁以上”，目的是在双向保护被收养人和收养人的收养利益的同时，推进收养关系中的性别平等。

（4）降低被收养人同意的年龄。将征得被收养人同意的年龄由 10 周岁修改为 8 周岁。在《民法典》第十九条中，将限制民事行为能力人的年龄规定为 8 周岁以上，因此，《民法典》第一千一百零四条中也作了相应修改。8 周岁以上的未成年人为限制民事行为能力人，可以独立实施与其年龄、智力相适应的民事法律行为，自主表示自己是否愿意被收养。

（5）进一步强化对被收养人利益的保护。在《民法典》第一千零九十八条收养人的条件中增加第四项规定：“无不利于被收养人健康成长的违法犯罪记录。”并且在《民法典》第一千一百零五条增加第五款，规定县级以上民政部门应当依法进行收养评估。开展收养评估，有助于“未成年人利益的最大化”原则的落实，有助于为被收养人创造一个良好的抚养、教育环境，确保其健康成长。

典型案例

案情简介

2020年1月，原告孔某与被告王某通过微信互相认识后，双方确定了恋爱关系。此后，在2020年2月至8月间，被告王某以其需要还房贷、考驾照、其他生活消费为由，多次向原告孔某索要钱财，原告多次以转账、发红包等形式向被告转款共计7.41万元（其中2020年8月11日原告向被告转账3.5万元，拟用作二人按农村习俗回被告娘家认亲戚的费用）。其后，原、被告二人告知原告母亲，二人准备结婚，于是原告母亲刘某便拿出2.91万元现金给被告，用于置办结婚用品。被告王某拿到钱后，于2020年8月31日凌晨离开原告家，将原告电话、微信全部加入黑名单，原告随即向公安机关报案，后公安机关按照刑事案件立案侦查，最终检察机关认为本案事实不清、证据不足，不予批捕。随后原告以不当得利纠纷为由向法院起诉要求被告返还财物。法院经审理认为，原告孔某与被告王某之间的纠纷属民事纠纷，被告的行为虽不构成诈骗罪，但被告故意隐瞒其未与丈夫宋某离婚的真相，并以愿意与原告结婚为条件向原告虚构自己购买房屋需偿还按揭贷款、双方认亲戚、购买结婚物品等事实，其目的是想让原告陷入错误认识，在违背其真实意愿的前提下做出财产赠与行为。因被告的行为违反婚姻伦理，违背公序良俗，原告对被告的赠与行为应认定无效，其所得的款项应当退还原告。

案例评析

《民法典》将“禁止借婚姻索取财物”作为法律条款明确后，对假借婚姻名义索取财物的行为有了准确的定调，援引法律依据不再“含羞”，为受害人的维权提供了有力的法律武器，对非法侵害他人婚姻自由的行为起到震慑作用。民事活动应当遵循自愿、公平、诚实信用原则，借婚姻索取财物的行为涉及面广、伤害性大、危害性强，《民法典》将“借婚姻索取财物”认定为违背婚姻自由的行为，并作出明确的禁止性规定，既向大众清晰准确地表明了法律对该行为的否定性评价，又有效地指引和规范了相关行为。

六、继承编的主要制度与创新

继承制度是关于自然人死亡后财富传承的基本制度。《民法典》第六编“继承”在原《继承法》的基础上，根据我国社会家庭结构、继承观念等方面的发展变化，对遗产的范围、继承人的范围、遗嘱的形式与效力、遗产管理人等内容作了大量修改完善，以满足人民群众处理遗产的现实需要，最大限度尊重被继承人的处分意志，为相关民事主体行使继承权提供有力的法律保障。

（一）继承制度的基本规则

继承编第一章规定了继承制度的基本规则，重申了国家保护自然人的继承权，规定了继承的基本制度，并在原《继承法》的基础上作了进一步完善。

（1）概括确定遗产的范围，保护合法财产继承权。凡是自然人死亡时遗留的个人合法财产，均可以由继承人依法继承。《民法典》第一千一百二十二条规定：“遗产是自然人死亡时遗留的个人合法财产。依照法律规定或者根据其性质不得继承的遗产，不得继承。”依照这一规定，除法律规定或者根据其性质不得继承的财产外，只要是属于个人合法的财产，原则上都可以作为遗产，由其继承人继承。

（2）重申遗赠扶养协议优先于遗嘱继承，遗嘱继承优先于法定继承原则，充分尊重被继承人的意志。《民法典》第一千一百二十三条规定：“继承开始后，按照法定继承办理；有遗嘱的，按照遗嘱继承或者遗赠办理；有遗赠扶养协议的，按照协议办理。”

（3）不得非法剥夺继承人的继承权。除符合《民法典》的规定丧失继承权的情形外，不得以任何理由剥夺继承人的继承权。根据《民法典》第一千一百二十五条的规定，继承人实施下列行为的，丧失继承权：故意杀害被继承人；为争夺遗产而杀害其他继承人；遗弃被继承人，或者虐待被继承人情节严重；伪造、篡改、隐匿或者销毁遗嘱，情节严重；以欺诈、胁迫手段迫使或者妨碍被继承人设立、变更或者撤回遗嘱，情节严重。除此之外，任何单位和个人都无权非法剥夺继承人的继承权。

（二）法定继承制度

继承编第二章规定了法定继承制度，明确了继承权男女平等原则，规定了法定继承人的顺序和范围，以及遗产分配的基本制度。同时，在原《继承法》的基础上，完善代位继承制度，增加规定被继承人的兄弟姐妹先于被继承人死亡的，由被继承人的兄弟姐妹的子女代位继承。

（1）确认法定继承人的范围和继承顺序。《民法典》第一千一百二十七条规定:“遗产按照下列顺序继承:(一)第一顺序：配偶、子女、父母;(二)第二顺序：兄弟姐妹、祖父母、外祖父母。继承开始后，由第一顺序继承人继承，第二顺序继承人不继承；没有第一顺序继承人继承的，由第二顺序继承人继承。”第一千一百二十九条规定:“丧偶儿媳对公婆，丧偶女婿对岳父母，尽了主要赡养义务的，作为第一顺序继承人。”

(2)规定了代位继承制度。《民法典》第一千一百二十八条规定：“被继承人的子女先于被继承人死亡的，由被继承人的子女的直系晚辈血亲代位继承。被继承人的兄弟姐妹先于被继承人死亡的，由被继承人的兄弟姐妹的子女代位继承。代位继承人一般只能继承被代位继承人有权继承的遗产份额。”

(3)确立遗产分配的原则。《民法典》第一千一百三十条规定：“同一顺序继承人继承遗产的份额，一般应当均等。对生活有特殊困难又缺乏劳动能力的继承人，分配遗产时，应当予以照顾。对被继承人尽了主要扶养义务或者与被继承人共同生活的继承人，分配遗产时，可以多分。有扶养能力和有扶养条件的继承人，不尽扶养义务的，分配遗产时，应当不分或者少分。继承人协商同意的，也可以不均等。”这一规定确立了遗产分配的基本原则，即同一顺序继承人继承遗产的份额以均等为原则，以不均等为例外。此外,《民法典》第一千一百三十一条还规定了酌情分得遗产权，即“对继承人以外的依靠被继承人扶养的人，或者继承人以外的对被继承人扶养较多的人，可以分给适当的遗产”。

(三)遗嘱继承和遗赠制度

继承编第三章规定了遗嘱继承和遗赠制度，并在原《继承法》的基础上，进一步修改完善了遗嘱继承制度。

（1）增加了打印、录音录像等新的遗嘱形式。《民法典》从第一千一百三十四条到第一千一百三十九条全面规定了遗嘱形式，包括自书遗嘱、代书遗嘱、打印遗嘱、录音录像遗嘱、口头遗嘱、公证遗嘱6种遗嘱形式，其中打印遗嘱、以录音录像形式立的遗嘱为新增加的遗嘱形式。

（2）修改了遗嘱效力规则，删除了原《继承法》关于公证遗嘱效力优先的规定，切实尊重遗嘱人的真实意愿。《民法典》第一千一百四十二条规定："遗嘱人可以撤回、变更自己所立的遗嘱。立遗嘱后，遗嘱人实施与遗嘱内容相反的民事法律行为的，视为对遗嘱相关内容的撤回。立有数份遗嘱，内容相抵触的，以最后的遗嘱为准。"关于无效遗嘱的情形，《民法典》第一千一百四十三条规定："无民事行为能力人或者限制民事行为能力人所立的遗嘱无效。遗嘱必须表示遗嘱人的真实意思，受欺诈、胁迫所立的遗嘱无效。伪造的遗嘱无效。遗嘱被篡改的，篡改的内容无效。"

（四）遗产处理的程序和规则

继承编第四章规定了遗产处理的程序和规则，并在原《继承法》的基础上，进一步完善了有关遗产处理的制度。

（1）新设遗产管理人制度。《民法典》第一千一百四十五条规定："继承开始后，遗嘱执行人为遗产管理人；没有遗嘱执行人的，继承人应当及时推选遗产管理人；继承人未推选的，由继承人共同担任遗产管理人；没有继承人或者继承人均放弃继承的，由被继承人生前住所地的民政部门或者村民委员会担任遗产管理人。"第一千一百四十六条规定："对遗产管理人的确定有争议的，利害关系人可以向人民法院申请指定遗产管理人。”关于遗产管理人的职责,《民法典》第一千一百四十七条规定，遗产管理人应当履行下列职责：清理遗产并制作遗产清单；向继承人报告遗产情况；采取必要措施防止遗产毁损、灭失；处理被继承人的债权债务；按照遗嘱或者依照法律规定分割遗产；实施与管理遗产有关的其他必要行为。《民法典》还专门规定了遗产管理人的赔偿责任以及报酬问题，第一千一百四十八条规定：“遗产管理人应当依法履行职责，因故意或者重大过失造成继承人、受遗赠人、债权人损害的，应当承担民事责任。”第一千一百四十九条规定：“遗产管理人可以依照法律规定或者按照约定获得报酬。”

（2）关于遗产债务的清偿。按照《民法典》第一千一百五十九条至第一千一百六十三条的规定，分割遗产，应当清偿被继承人依法应当缴纳的税款和债务；继承人以所得遗产实际价值为限清偿被继承人依法应当缴纳的税款和债务。超过遗产实际价值部分，继承人自愿偿还的不在此限。继承人放弃继承的，对被继承人依法应当缴纳的税款和债务可以不负清偿责任。执行遗赠不得妨碍清偿遗赠人依法应当缴纳的税款和债务。既有法定继承又有遗嘱继承、遗赠的，由法定继承人清偿被继承人依法应当缴纳的税款和债务；超过法定继承遗产实际价值部分，由遗嘱继承人和受遗赠人按比例以所得遗产清偿。

（3）关于遗产的分割。《民法典》第一千一百五十六条规定：“遗产分割应当有利于生产和生活需要，不损害遗产的效用。不宜分割的遗产，可以采取折价、适当补偿或者共有等方法处理。”依照《民法典》的规定，分割遗产，应当为缺乏劳动能力又没有生活来源的继承人保留必要的遗产。遗产分割时，应当保留胎儿的继承份额。

典型案例

案情简介

韩父生前立下遗嘱，将其名下的房屋指定由韩先生一人继承。但是由于这份遗嘱的内容为电脑打印而成，一审法院认为不符合原《继承法》规定的法定遗嘱形式，认定遗嘱无效，遂按照法定继承的方式将被继承人的遗产在韩父众多子女中进行分割。韩先生不服分得 24% 的份额，上诉至二审法院。法院受理该案后发现，该遗嘱根据被继承人的要求打印而成，在被继承人签订遗嘱时有两名无利害关系的见证人在场见证。遗嘱全文仅有一页，被继承人及两名见证人均签字捺印，落款处注明日期，并有录像予以佐证。合议庭认为，韩先生提交的遗嘱符合《民法典》规定，应为合法有效，判决诉争房屋由韩先生一人继承。

案例评析

《民法典》新增了“打印遗嘱”的形式。《民法典》第一千一百三十六条规定：“打印遗嘱应当有两个以上见证人在场见证。遗嘱人和见证人应当在遗嘱每一页签名，注明年、月、日。”随着经济社会的发展，用打印机打印有着传统手写方式无法比拟的优势。该规定适应了当今打印技术普及的趋势，并保证了打印遗嘱的内容体现遗嘱人的真实意愿，不至于被他人伪造、篡改。因此，案例中韩先生提交的打印遗嘱合法有效。

七、侵权责任编的主要制度与创新

《民法典》侵权责任编以原《侵权责任法》为基础，总结实践经验，针对侵权领域出现的新情况，吸收借鉴司法解释的有关规定，对侵权责任制度作了必要的补充和完善。

（一）侵权责任的一般规则

侵权责任编第一章规定了侵权责任的归责原则、多数人侵权的责任承担、侵权责任的减轻或者免除等一般规则。并在原《侵权责任法》的基础上作了进一步的完善，尤其是确立自甘风险规则和自助行为制度。一是确立“自甘风险”规则，规定自愿参加具有一定风险的文体活动，因其他参加者的行为受到损害的，受害人不得请求没有故意或重大过失的其他参加者承担侵权责任。二是规定“自助行为”制度，明确合法权益受到侵害，情况紧迫且不能及时获得国家机关保护，不立即采取措施将使其合法权益受到难以弥补的损害的，受害人可以在保护自己合法权益的必要范围内采取扣留侵权人的财物等合理措施，但是应当立即请求有关国家机关处理。受害人采取的措施不当造成他人损害的，应当承担侵权责任。

（二）损害赔偿范围的确定

侵权责任编第二章规定了侵害人身权益和财产权益的赔偿规则、精神损害赔偿规则等。同时，在原《侵权责任法》的基础上，对有关规定作了进一步完善：一是完善精神损害赔偿制度，规定因故意或者重大过失侵害自然人具有人身意义的特定物造成严重精神损害的，被侵权人有权请求精神损害赔偿。二是为加强对知识产权的保护，提高侵权违法成本，《民法典》增加规定，故意侵害他人知识产权，情节严重的，被侵权人有权请求相应的惩罚性赔偿。

（三）责任主体的特殊规定

侵权责任编第三章规定了无民事行为能力人、限制民事行为能力人及其监护人的侵权责任、用人单位的侵权责任、网络侵权责任以及公共场所的安全保障义务等。同时，《民法典》在原《侵权责任法》的基础上作了进一步完善：一是增加规定委托监护的侵权责任。二是完善网络侵权责任制度。为了更好地保护权利人的利益，平衡好网络用户和网络服务提供者之间的利益，《民法典》细化了网络侵权责任的具体规定，完善了权利人通知规则和网络服务提供者的转通知规则。

（四）各种具体侵权责任

侵权责任编第四章至第十章规定了七种具体侵权责任，分别对产品生产销售、机动车交通事故、医疗损害、环境污染和生态破坏、高度危险、饲养动物损害、建筑物和物件损害等领域的侵权责任规则作出了具体规定。并在原《侵权责任法》的基础上，对有关内容作了进一步完善。一是侵权责任编规定了生态环境损害的惩罚性赔偿制度，并明确规定了生态环境损害的修复和赔偿规则，这是为贯彻落实习近平生态文明思想新增加的内容。二是侵权责任编为保障好人民群众的生命财产安全，对高空抛物坠物治理规则作了进一步的完善，规定禁止从建筑物中抛掷物品，同时针对此类事件处理的主要困难是行为人难以确定的问题，强调有关机关应当依法及时调查，查清责任人，并规定物业服务企业等建筑物管理人应当采取必要的安全保障措施防止此类行为的发生。

典型案例

案情简介

2020年4月，浙江省绍兴市的李某驾驶电动三轮摩托车在回家的路上偶遇同村村民宣某，便好心同意宣某搭乘其车辆一同返村。在回村的路上，发生了意外，李某在左转弯时未按规定让行，与左方道路直行驶来的陈某驾驶的机动车发生碰撞，造成乘车人宣某受伤，损失共计30余万元。经法院查明，陈某的车投保了交强险和限额5万元的商业险并投保了不计免赔险。保险公司在交强险保险责任限额内赔付9万元后，剩余的20余万元损失则需由李某与陈某按事故责任比例分摊。警方出具的责任认定书显示，此次事故李某负主责，陈某负次责，李某本应承担70%的赔偿责任。面对十几万的赔偿责任，李某表示很委屈，自己本是好意让宣某搭“顺风车”。承办法官认为，李某与宣某系同村村民，李某是在未收取任何费用的情况下，无偿搭乘宣某，属于“好意同乘”范畴。因此，经过一番释法明理后，最终宣某同意减轻李某的赔偿责任，按40%的责任比例进行赔付。

案例评析

无偿搭乘作为一种好意施惠行为，属于互帮互助的传统美德范畴，若发生交通事故后让驾驶人承担全部责任，不利于传统美德的弘扬。因此，2021年1月1日起开始施行的《民法典》明确了“好意同乘”的法律规定，为解决该类纠纷设定了切实可行的规则。《民法典》第一千二百一十七条规定：“非营运机动车发生交通事故造成无偿搭乘人损害，属于该机动车一方责任的，应当减轻其赔偿责任，但是机动车使用人有故意或者重大过失的除外。”从该规定可见，“好意同乘”适用过错责任原则，即提供便利的驾驶人在对交通事故的发生存在过错的前提下承担责任；同时，“好意同乘”也是驾驶人减轻责任的事由，即提供便利的驾驶人非故意或重大过失造成同乘人损害的，应根据具体情形，减轻提供便利的驾驶人的赔偿责任，但当驾驶人存在无证驾驶或恶意制造交通事故等严重过错时，则无法减轻责任。“好意同乘”必须同时满足“非营运”与“无偿搭乘”两个条件。因此，在本案中，由于宣某搭乘李某的电动三轮摩托车，属“好意同乘”行为，可以减轻李某的赔偿责任。

第四章

涉乡村振兴和安全生产相关法

农业、农村、农民问题是关系国计民生的根本性问题。习近平总书记多次强调，要始终把解决好“三农”问题作为全党工作重中之重。多年来，我国农业连年丰产，农民连年增收，农村总体和谐稳定。同时也要看到，同快速推进的工业化、城镇化相比，我国农业农村发展步伐还跟不上，“一条腿长、一条腿短”问题比较突出。习近平总书记在全国脱贫攻坚总结表彰大会上指出，乡村振兴是实现中华民族伟大复兴的一项重大任务。要围绕立足新发展阶段、贯彻新发展理念、构建新发展格局带来的新形势、提出的新要求，坚持把解决好“三农”问题作为全党工作重中之重，坚持农业农村优先发展，走中国特色社会主义乡村振兴道路，持续缩小城乡区域发展差距，让低收入人口和欠发达地区共享发展成果，在现代化进程中不掉队、赶上来。

一、乡村振兴战略

乡村振兴是习近平总书记在党的十九大报告中提出的重大战略思想。党的十九大报告指出，农业农村农民问题是关系国计民生的根本性问题，必须始终把解决好“三农”问题作为全党工作重中之重，实施乡村振兴战略。

中共中央、国务院连续发布中央一号文件，对新发展阶段优先发展农业农村、全面推进乡村振兴作出总体部署，为做好当前和今后一个时期“三农”工作指明了方向。《中共中央　国务院关于全面推进乡村振兴加快农业农村现代化的意见》即2021年中央一号文件指出，民族要复兴，乡村必振兴。全面建设社会主义现代化国家，实现中华民族伟大复兴，最艰巨最繁重的任务依然在农村，最广泛最深厚的基础依然在农村。解决好发展不平衡不充分问题，重点难点在“三农”，迫切需要补齐农业农村短板弱项，推动城乡协调发展；构建新发展格局，潜力后劲在“三农”，迫切需要扩大农村需求，畅通城乡经济循环；应对国内外各种风险挑战，基础支撑在“三农”，迫切需要稳住农业基本盘，守好“三农”基础。要坚持把解决好“三农”问题作为全党工作重中之重，把全面推进乡村振兴作为实现中华民族伟大复兴的一项重大任务，举全党全社会之力加快农业农村现代化，让广大农民过上更加美好的生活。

根据2021年中央一号文件的要求，2021年，农业供给侧结构性改革深入推进，粮食播种面积保持稳定、产量达到1.3万亿斤以上，生猪产业平稳发展，农产品质量和食品安全水平进一步提高，农民收入增长继续快于城镇居民，脱贫攻坚成果持续巩固。农业农村现代化规划启动实施，脱贫攻坚政策体系和工作机制同乡村振兴有效衔接、平稳过渡，乡村建设行动全面启动，农村人居环境整治提升，农村改革重点任务深入推进，农村社会保持和谐稳定。

到2025年，农业农村现代化取得重要进展，农业基础设施现代化迈上新台阶，农村生活设施便利化初步实现，城乡基本公共服务均等化水平明显提高。农业基础更加稳固，粮食和重要农产品供应保障更加有力，农业生产结构和区域布局明显优化，农业质量效益和竞争力明显提升，现代乡村产业体系基本形成，有条件的地区率先基本实现农业现代化。脱贫攻坚成果巩固拓展，城乡居民收入差距持续缩小。农村生产生活方式绿色转型取得积极进展，化肥农药使用量持续减少，农村生态环境得到明显改善。乡村建设行动取得明显成效，乡村面貌发生显著变化，乡村发展活力充分激发，乡村文明程度得到新提升，农村发展安全保障更加有力，农民获得感、幸福感、安全感明显提高。

2021 年 5 月 18 日，司法部印发了《“乡村振兴　法治同行”活动方案》，自 2021 年 5 月至 2023 年 5 月在全国开展“乡村振兴　法治同行”活动，旨在通过推动法治乡村建设促进乡村振兴，该方案从实现乡村公共法律服务网络全覆盖、保障困难群众获得优质法律援助、促进法律服务多元化专业化、推进法治乡村建设 4 个方面详细列举了 15 项举措。

2022 年中央一号文件指出，做好 2022 年“三农”工作，要以习近平新时代中国特色社会主义思想为指导，全面贯彻党的十九大和十九届历次全会精神，深入贯彻中央经济工作会议精神，坚持稳中求进工作总基调，立足新发展阶段、贯彻新发展理念、构建新发展格局、推动高质量发展，促进共同富裕，坚持和加强党对“三农”工作的全面领导，牢牢守住保障国家粮食安全和不发生规模性返贫两条底线，突出年度性任务、针对性举措、实效性导向，充分发挥农村基层党组织领导作用，扎实有序做好乡村发展、乡村建设、乡村治理重点工作，推动乡村振兴取得新进展、农业农村现代化迈出新步伐。

二、《乡村振兴促进法》与乡村产业发展

2021年4月29日，十三届全国人大常委会第二十八次会议通过《乡村振兴促进法》，自2021年6月1日起施行。整部法律分为十个章节，包括总则、产业发展、人才支撑、文化繁荣、生态保护、组织建设、城乡融合、扶持措施、监督检查和附则。其中提到，促进乡村振兴应当按照产业兴旺、生态宜居、乡风文明、治理有效、生活富裕的总要求，统筹推进农村经济建设、政治建设、文化建设、社会建设、生态文明建设和党的建设，充分发挥乡村在保障农产品供给和粮食安全、保护生态环境、传承发展中华民族优秀传统文化等方面的特有功能。

乡村要振兴，产业必兴旺。产业兴旺是解决农村一切问题的前提，有利于夯实国家粮食安全的基础，推动农村各项事业振兴，打通城乡经济循环堵点，增进广大农民福祉，巩固拓展脱贫攻坚成果。《乡村振兴促进法》对发展乡村产业作了较详细的规定，主要体现在以下几个方面。

一是发展壮大农村集体经济。以土地集体所有为基础的农村集体所有制，是社会主义公有制的重要形式，是实现农民共同富裕的制度保障。农村集体经济组织可以采用多种形式探索发展集体经济。例如，可以利用未承包到户的集体“四荒”地（荒山、荒沟、荒丘、荒滩）、果园、养殖水面等资源，集中开发或者通过公开招投标等方式发展现代农业项目；采取租赁、入股等形式，将农户承包林地吸纳进村集体股份合作林场，大力发展用材林、经济林、林下经济、森林旅游等产业；利用生态环境和人文历史等资源发展休闲农业和乡村旅游；在符

合规划的前提下，探索利用闲置的各类房产设施、集体建设用地等，以自主开发、合资合作等方式发展相应产业；可以为农户和各类农业经营主体提供产前、产中、产后农业生产性服务；国家鼓励集体经济组织整合利用集体积累资金、政府帮扶资金等，通过入股或者参股农业产业化龙头企业、村与村合作、村企联手共建、扶贫开发等多种形式发展集体经济；在城镇规划区、经济开发区等优势区位，跨区域抱团建设仓储设施、商铺门面、标准厂房等“飞地”项目，实现集体经济可持续发展。

二是促进农村一二三产业融合发展。以农民作为主体发展第一产业，必须确保农民基本收入；发展第二三产业，必须坚持农民增收；一二三产业融合发展就是要实现农民保收增收，实现共同富裕。农村一二三产业融合发展要以本地优势特色资源为依托，坚持因地制宜探索适合本地区的产业融合模式。比如，具有文化历史或者民族特点的农村，可以发展特色文化旅游。本地有某种特色农产品的，可以大力发展农产品电子商务、农产品加工业，还可以延伸发展仓储物流、产地批发市场等产业。农村一二三产业融合发展要注重培育新产业、新业态、新模式，促进乡村产业多元化发展。乡村具有食品保障、生态涵养、休闲体验和文化传承等多种功能，具有生产、生态、生活和文化等多元价值。综合利用乡村的多元价值，就要注重培育新产业、新业态、新模式，确保乡村多重功能的正常发挥。根据《乡村振兴促进法》的相关要求，重点发展在农林牧渔产业基础上延伸的产业、依托乡村特色资源的产业、国家建立引导示范性的园区建设以及加强农产品流通体系建设。

三是优化农业生产力布局，保障粮食和重要农产品有效供给和质量安全。优化农业生产力布局是促进农民持续增收、夯实主产区新农村建设产业基础的有效手段。在农业主产区培育具有较强竞争力的主导产业，扩大市场份额，能够提升产业发展的综合效益。农业综合生产能力的提高，必将带动农产品加工、储藏、运输、营销等相关产业的发展，延长优势农产品的产业链条，提高农产品附加值。区域主导产业发展，有利于促进农业增效、农民增收的良性互动。乡村振兴工作中，要通过产业发展，优化农业生产力布局，把保障粮食和重要农产品供给放在最重要位置，在生产必需的土地、水等资源上予以重点保障，在政策导向上重点予以倾斜。要分品种明确保障目标，构建科学合理、安全高效的重要农产品供给保障体系。国家粮食安全战略立足"以我为主、立足国内、确保产能、适度进口、科技支撑"的新形势，着重强调"确保谷物基本自给、口粮绝对安全"，把保障国家粮食安全作为一个永恒的课题，时刻不放松粮食安全这根弦，坚持中国人的饭碗任何时候都牢牢端在自己手中，饭碗主要装中国粮。

四是加强农业科技创新和技术推广。农业现代化关键是农业科技现代化，乡村振兴，产业兴旺是重点，关键在于科技支撑引领。农业具有显著的长周期性，与国家粮食安全、生态安全、人类卫生健康等密切相关。首先，要落实农业农村优先发展要求，建立农业科技更优先发展的投入机制，稳定增加投入数额。紧紧围绕乡村振兴急需的良种和国家种质资源库建设、动物疫病防控、病虫害防治、生态循环农业、农产品质量安全、农机农艺融合、农业大数据等关键领域，攻克一批关键核心技术与装备。其次，要加强农业科研平台设施建设，优先布局建设农业领域的国家实验室等重大科研平台。对从事基础性研究、农业和社会公益研究的科研机构，加大稳定性科技投入比重。坚持以人为本的原则，加大对农业科技人才的工作支持，保障人员和工作经费。最后，要加强现代农业产业技术体系建设，推动全产业链科技创新，以保障粮食安全和重要农产品有效供给为重点，着力攻克种子和耕地两个“要害”问题，推进农业机械化全程全面发展，加强基层农技推广服务体系建设。

三、《安全生产法》与安全生产新要求

安全生产事关人民福祉，事关经济社会发展大局。《安全生产法》2002 年开始施行，其间经过 2009 年和 2014 年两次修订，对强化安全生产基础、减少安全事故、惩处安全违法行为等发挥了积极的作用，但我国安全生产领域仍然存在主体责任落实不到位、处罚力度不够和部分监管缺失等问题。

为贯彻落实习近平总书记关于安全生产工作系列重要指示批示精神和党中央有关重大决策部署，推进全面依法治国，促进实现安全生产治理体系和治理能力现代化，防范化解重大安全生产风险，建设更高水平的平安中国，2021 年 6 月 10 日，十三届全国人大常委会第二十九次会议通过了《关于修改〈中华人民共和国安全生产法〉的决定》，自 2021 年 9 月 1 日起施行。修改后的《安全生产法》共 7 章 119 条，与修改前相比，增加了 5 条。此次《安全生产法》修改，力度大、涉及条文多，较大幅度地对《安全生产法》进行了完善。

（一）完善工作要求

修改后的《安全生产法》明确了安全生产工作要坚持中国共产党的领导，强化党对安全生产工作的核心领导作用；深入贯彻习近平新时代中国特色社会主义思想，坚持人民至上、生命至上，把保护人民

生命安全摆在首位，树牢安全发展理念，坚持安全第一、预防为主、综合治理的方针，从源头上防范化解重大安全风险。此外，修改后的《安全生产法》强调“三管三必须”的工作要求，即安全生产工作实行管行业必须管安全、管业务必须管安全、管生产经营必须管安全，强化和落实生产经营单位主体责任与政府监管责任，建立生产经营单位负责、职工参与、政府监管、行业自律和社会监督的机制。

（二）强化企业主体责任

在强化企业合规背景下，修改后的《安全生产法》从建立健全全员安全生产责任制，加强安全生产标准化、信息化建设，构建安全风险分级管控等，到建立隐患排查治理双重预防机制、健全风险防范化解机制，以及人民安全至上、关注从业人员的身心健康等，都体现了修改后的《安全生产法》将安全生产合规理念，贯穿至合规义务来源、合规检查、合规文化等整个安全合规体系中。比如，修改后的《安全生产法》要求生产经营单位建立全员安全生产责任制，将原来的主要责任人员责任制，改为将安全生产责任落实到包括主要责任人、其他负责人在内的全员，压实了生产经营单位的主体责任。同时规定从业人员有依法获得安全生产保障的权利，并应当依法履行安全生产方面的义务，将权利与义务以及责任保持一致，强调员工每个人应对自己的安全负责，也对别人的安全负责。

（三）加强监督管理力度

目前，我国各类功能区的规模和质量发展迅速，聚集了大量企业，成为推动经济快速发展的重要力量，但各类功能区的安全生产监管体制是近年来安全生产工作面临的难题，一些生产安全事故暴露出各类功能区监管体制不够健全、责任落实不够到位，存在政企不分、条块交叉、职责不清、监管薄弱等突出问题。修改后的《安全生产法》对各级政府职能职责都加以了明确。县级以上地方政府应建立完善安全风险评估与认证机制、进行产业规划和空间布局、实施重大安全风险联防联控；乡镇人民政府和街道办事处以及开发区、工业园区、港区、风景区等，应当明确负责安全生产监督管理的有关工作机构及职责，制定生产安全事故应急救援预案等。这一修改体现出在原来企业主体责任的基础上增加了政府监管责任，明确要求深化和落实政府安全监管责任。这就明确了政府和企业在安全生产中的定位，明确了两个责任之间的关系，即在安全生产中企业仍然承担主体责任，而政府也应该依法履行监管责任，不能缺位。

（四）加大违法处罚力度

修改后的《安全生产法》对安全生产违法行为的处罚力度有所加强。首先，在罚款的金额上有所增加，例如发生特别重大事故，且特别严重情况下，最高罚款可达1亿元；其次，修改后的《安全生产法》引入了按日连续处罚、按照收入比例、违法所得倍数进行处罚的机制，处罚方式更严格，实现"过罚相当"的目的。最后，在处罚的责任形式上，扩大了停业整顿、吊销相应资质和资格、从业限制以及终身禁入的适用范围，惩戒力度更大。

典型案例

案情简介

2020年8月29日9时40分，山西省临汾市襄汾县陶寺乡陈庄村聚仙饭店发生坍塌事故，造成29人死亡、28人受伤，直接经济损失

1164.35 万元。事故发生后，坍塌饭店负责人祁某某已经被刑事拘留，涉嫌过失以危险方法危害公共安全罪。事故涉及的 41 名有关公职人员，受到党纪政务处分或诫勉、批评教育、责令检查。

调查认定，该事故是一起因违法违规占地建设，且在无专业设计、无资质施工的情形下，多次盲目改造扩建，建筑物工程质量存在严重缺陷，导致在经营活动中部分建筑物坍塌的生产安全责任事故。

案例评析

基层安全生产监管问题不容忽视。责任制是安全生产的灵魂。《安全生产法》第三条规定，建立生产经营单位负责、职工参与、政府监管、行业自律和社会监督的机制，明确了各方安全职责。

案例中的聚仙饭店经营者先后 8 次违规扩建，从未经过专业设计、无资质且不按规范施工，也从未经过竣工验收，仅依靠包工头和个人想法，建设全程无人管无人查，房屋质量安全无保障；经营者擅自将自建农房从事经营活动，未对建筑安全隐患排查整治，安全生产主体责任未落实。

根据相关规定，地方各级人民政府应当加强对安全生产工作的领导，支持、督促各有关部门依法履行安全生产监督管理职责。乡、镇人民政府以及街道办事处、开发区管理机构等地方人民政府的派出机关应当按照职责，加强对本行政区域内生产经营单位安全生产状况的监督检查。县级以上地方各级人民政府安全生产监督管理部门对本行政区域内安全生产工作实施综合监督管理；县级以上地方各级人民政府有关部门在各自的职责范围内对有关行业、领域的安全生产工作实施监督管理。该案例中的襄汾县陶寺乡政府和陈庄村“两委”对农村自建房改为经营活动场所的管控缺失，未按要求对擅自改建扩建加层、野蛮装修和违法违规建房等进行重点排查整治；临汾市襄汾县政府及有关部门行政审批和监管执法不严，违规将加盖政府公章的空白集体土地建设用地使用证提前发给各乡镇，违规对过期证照办理延期；在政府开展的多轮打击违法占地、非农建设整治等行动中，监管执法人员未对该饭店长期的违法违规行为予以有效制止查处，因此相关责任人受到了相应的处分。

第五章

涉疫情防控和应急治理相关法

经济社会发展存在的复杂性、不确定性等特征，使得国家治理、乡村治理既可能面对经济社会发展的常态、稳定时期，也可能临时或突然面对重大疫情、自然灾害等突发事件。一个国家应对各种突发事件能否快速响应、防范动员、有效联动、依法处置，突出检验这个国家的应急管理体系和能力现代化水平。2020 年 1 月底，新型冠状病毒肺炎（简称新冠肺炎）疫情暴发，城乡基层社区在本次疫情防控中发挥了基础性和关键性作用。正如习近平总书记所指出的："这次疫情防控凸显了城乡社区的重要作用，也暴露出基层社会治理的短板和不足。要夯实社会治理基层基础，推动社会治理重心下移，构建党组织领导的共建共治共享的城乡基层治理格局。"①

一、乡村重大突发公共卫生事件应对和疫情防控

应急治理是乡村治理的应有之义。突发事件虽然偶有发生，但其

① 习近平：《在湖北省考察新冠肺炎疫情防控工作时的讲话》，《求是》2020 年第 7 期。

一旦发生，威胁非常巨大。因此，必须以有效措施全面应对。新冠肺炎疫情就是对我们国家治理、社会治理、乡村治理的一次严峻考验。新冠肺炎疫情防控工作是当前非常时期乡村应急治理的主要事务，科学防控、群防群治、综合治理、依法治理是打赢疫情防控阻击战的关键。在党中央坚强领导下，全党全国人民正在全力应对新冠肺炎疫情。一方面，相较于城市来说，乡村区域广阔、人员密集，需要特别加以重视。另一方面，乡村科学防控水平、综合治理能力相对较弱，容易引发不依法依规处置、不科学合理防控的问题。高度重视化解乡村在重大突发公共卫生事件和疫情防控中存在的突出矛盾和问题，对于在全国范围内推进疫情防控和应对重大突发公共卫生事件具有重要意义。

为了保证乡村重大突发公共卫生事件应对和疫情防控工作的依法治理，我国已经逐步建立起相对系统的法律法规体系。在相关工作中主要应用的法律法规有：(1）针对公共卫生事件应对和疫情防控的一般法律法规，如《突发事件应对法》《突发公共卫生事件应急条例》《传染病防治法》等；(2）针对公共卫生事件应对和疫情防控的专门法律法规，如《重大动物疫情应急条例》等；(3）公共卫生事件应对和疫情防控的法律法规与《刑法》《民法典》等法律法规的衔接适用。

（一）乡村重大突发公共卫生事件应对和疫情防控的相关概念

根据《突发公共卫生事件应急条例》第二条的规定，突发公共卫生事件是指突然发生，造成或者可能造成社会公众健康严重损害的重大传染病疫情、群体性不明原因疾病、重大食物和职业中毒以及其他严重影响公众健康的事件。根据《传染病防治法》第三条的规定，我国的传染病分为甲类、乙类和丙类。甲类传染病是指鼠疫、霍乱。乙类传染病是指传染性非典型肺炎、艾滋病、病毒性肝炎、脊髓灰质炎、人感染高致病性禽流感、麻疹、流行性出血热、狂犬病、流行性乙型脑炎、登革热、炭疽、细菌性和阿米巴性痢疾、肺结核、伤寒和副伤寒、流行性脑脊髓膜炎、百日咳、白喉、新生儿破伤风、猩红热、布鲁氏菌病、淋病、梅毒、钩端螺旋体病、血吸虫病、疟疾。丙类传染病是指流行性感冒、流行性腮腺炎、风疹、急性出血性结膜炎、麻风病、流行性和地方性斑疹伤寒、黑热病、包虫病、丝虫病，除霍乱、细菌性和阿米巴性痢疾、伤寒和副伤寒以外的感染性腹泻病。此外，国务院卫生行政部门根据传染病暴发、流行情况和危害程度，可以决定增加、减少或者调整乙类、丙类传染病病种并予以公布。从现有的疫情防控的经验来看，业已列入《传染病防治法》第三条规定的相关疾病，都已具备了较好的疫情认识和诊疗处置技术积累。以非典和新冠肺炎为例，为明显的新发、突发的特征，所以上述疾病的列举是不完全式列举，以国家卫生行政部门的认定为准。

（二）单位和个人在防控新冠肺炎疫情工作中的义务

《传染病防治法》第十二条规定：“在中华人民共和国领域内的一切单位和个人，必须接受疾病预防控制机构、医疗机构有关传染病的调查、检验、采集样本、隔离治疗等预防、控制措施，如实提供有关情况。”第三十一条规定：“任何单位和个人发现传染病病人或者疑似传染病病人时，应当及时向附近的疾病预防控制机构或者医疗机构报告。”《突发事件应对法》第五十四条规定：“任何单位和个人不得编造、传播有关突发事件事态发展或者应急处置工作的虚假信息。”第五十六条规定：“受到自然灾害危害或者发生事故灾难、公共卫生事件的单位，应当立即组织本单位应急救援队伍和工作人员营救受害人员，疏散、撤离、安置受到威胁的人员，控制危险源，标明危险区域，封锁危险场所，并采取其他防止危害扩大的必要措施，同时向所在地县级人民政府报告。”“突发事件发生地的其他单位应当服从人民政府发布的决定、命令，配合人民政府采取的应急处置措施，做好本单位的应急救援工作，并积极组织人员参加所在地的应急救援和处置工作。”第五十七条规定:“突发事件发生地的公民应当服从人民政府、居民委员会、村民委员会或者所属单位的指挥和安排，配合人民政府采取的应急处置措施，积极参加应急救援工作，协助维护社会秩序。”

对于违反封控、封闭小区规定，擅自外出、聚集的，将面临如下法律责任。首先是民事责任。根据《传染病防治法》第七十七条的规定，单位和个人违反本法规定，导致传染病传播、流行，给他人人身、财产造成损害的，应当依法承担民事责任。其次是行政责任。违反规定擅自外出、聚集的行为属于拒不执行人民政府在紧急状态情况下依法发布的决定、命令的行为，属于妨害社会管理的行为，按照《治安管理处罚法》第五十条的规定，处警告或者二百元以下罚款；情节严重的，处五日以上十日以下拘留，可以并处五百元以下罚款。最后是刑事责任。根据《传染病防治法》的规定，拒绝执行卫生防疫机构依照传染病防治法提出的预防、控制措施的，引起病毒传播或者有传播严重危险的，按照《刑法》第三百三十条妨害传染病防治罪定罪处罚。《刑法》第三百三十条规定，违反传染病防治法的规定，有下列情形之一，引起甲类传染病以及依法确定采取甲类传染病预防、控制措施的传染病传播或者有传播严重危险的，处三年以下有期徒刑或者拘役；后果特别严重的，处三年以上七年以下有期徒刑:（1）供水单位供应的饮用水不符合国家规定的卫生标准的;（2）拒绝按照疾病预防控制机构提出的卫生要求，对传染病病原体污染的污水、污物、场所和物品进行消毒处理的;(3)准许或者纵容传染病病人、病原体携带者和疑似传染病病人从事国务院卫生行政部门规定禁止从事的易使该传染病扩散的工作的;(4)出售、运输疫区中被传染病病原体污染或者可能被传染病病原体污染的物品，未进行消毒处理的;(5)拒绝执行县级以上人民政府、疾病预防控制机构依照传染病防治法提出的预防、控制措施的。

(三)对已经发生新冠肺炎病例的相关场所里人员的隔离措施

根据《传染病防治法》第四十一条的规定，对已经发生甲类传染病病例的场所或者该场所内的特定区域的人员，所在地的县级以上地方人民政府可以实施隔离措施，并同时向上一级人民政府报告；接到报告的上级人民政府应当及时作出是否批准的决定。上级人民政府作出不予批准决定的，实施隔离措施的人民政府应当立即解除隔离措施。在隔离期间，实施隔离措施的人民政府应当对被隔离人员提供生活保障；被隔离人员有工作单位的，所在单位不得停止支付其隔离期间的工作报酬。隔离措施的解除，由原决定机关决定并宣布。

《传染病防治法》第四十二条规定:“传染病暴发、流行时，县级以上地方人民政府应当立即组织力量，按照预防、控制预案进行防治，切断传染病的传播途径，必要时，报经上一级人民政府决定，可以采取下列紧急措施并予以公告:(一)限制或者停止集市、影剧院演出或者其他人群聚集的活动;(二)停工、停业、停课;(三)封闭或者封存被传染病病原体污染的公共饮用水源、食品以及相关物品;(四)控制或者扑杀染疫野生动物、家畜家禽;(五)封闭可能造成传染病扩散的场所。上级人民政府接到下级人民政府关于采取前款所列紧急措施的报告时，应当即时作出决定。紧急措施的解除，由原决定机关决定并宣布。”

《突发事件应对法》第四十九条规定:“自然灾害、事故灾难或者公共卫生事件发生后，履行统一领导职责的人民政府可以采取下列一项或者多项应急处置措施:(一)组织营救和救治受害人员，疏散、撤离并妥善安置受到威胁的人员以及采取其他救助措施;(二)迅速控制危险源，标明危险区域，封锁危险场所，划定警戒区，实行交通管制以及其他控制措施;(三)立即抢修被损坏的交通、通信、供水、排水、供电、供气、供热等公共设施，向受到危害的人员提供避难场所和生活必需品，实施医疗救护和卫生防疫以及其他保障措施;(四)禁止或者限制使用有关设备、设施，关闭或者限制使用有关场所，中止人员密集的活动或者可能导致危害扩大的生产经营活动以及采取其他保护措施;(五)启用本级人民政府设置的财政预备费和储备的应急救援物资，必要时调用其他急需物资、设备、设施、工具;(六)组织公民参加应急救援和处置工作，要求具有特定专长的人员提供服务;(七)保障食品、饮用水、燃料等基本生活必需品的供应;(八)依法从严惩处囤积居奇、哄抬物价、制假售假等扰乱市场秩序的行为，稳定市场价格，维护市场秩序;(九)依法从严惩处哄抢财物、干扰破坏应急处置工作等扰乱社会秩序的行为，维护社会治安;(十)采取防止发生次生、衍生事件的必要措施。”

(四)传染病暴发、流行时，各级政府可以采取的征调措施

《传染病防治法》第四十五条规定:“传染病暴发、流行时，根据传染病疫情控制的需要，国务院有权在全国范围或者跨省、自治区、直辖市范围内，县级以上地方人民政府有权在本行政区域内紧急调集人员或者调用储备物资，临时征用房屋、交通工具以及相关设施、设备。紧急调集人员的，应当按照规定给予合理报酬。临时征用房屋、交通

工具以及相关设施、设备的，应当依法给予补偿；能返还的，应当及时返还。”

《突发事件应对法》第五十二条规定：“履行统一领导职责或者组织处置突发事件的人民政府，必要时可以向单位和个人征用应急救援所需设备、设施、场地、交通工具和其他物资，请求其他地方人民政府提供人力、物力、财力或者技术支援，要求生产、供应生活必需品和应急救援物资的企业组织生产、保证供给，要求提供医疗、交通等公共服务的组织提供相应的服务。履行统一领导职责或者组织处置突发事件的人民政府，应当组织协调运输经营单位，优先运送处置突发事件所需物资、设备、工具、应急救援人员和受到突发事件危害的人员。”

（五）火车、飞机等公共交通工具上发现新冠肺炎病人的处置措施

《突发公共卫生事件应急条例》第三十八条第一款和第二款规定：“交通工具上发现根据国务院卫生行政主管部门的规定需要采取应急控制措施的传染病病人、疑似传染病病人，其负责人应当以最快的方式通知前方停靠点，并向交通工具的营运单位报告。交通工具的前方停靠点和营运单位应当立即向交通工具营运单位行政主管部门和县级以上地方人民政府卫生行政主管部门报告。卫生行政主管部门接到报告后，应当立即组织有关人员采取相应的医学处置措施。交通工具上的传染病病人密切接触者，由交通工具停靠点的县级以上各级人民政府卫生行政主管部门或者铁路、交通、民用航空行政主管部门，根据各自的职责，依照传染病防治法律、行政法规的规定，采取控制措施。”

《国境卫生检疫法实施细则》第四条规定：“入境、出境的人员、交通工具和集装箱，以及可能传播检疫传染病的行李、货物、邮包等，

均应当按照本细则的规定接受检疫，经卫生检疫机关许可，方准入境或者出境。”第五条规定：“卫生检疫机关发现染疫人时，应当立即将其隔离，防止任何人遭受感染，并按照本细则第八章的规定处理。卫生检疫机关发现染疫嫌疑人时，应当按照本细则第八章的规定处理。但对第八章规定以外的其他病种染疫嫌疑人，可以从该人员离开感染环境的时候算起，实施不超过该传染病最长潜伏期的就地诊验或者留验以及其他的卫生处理。”

（六）出入境人员的注意义务

《国家卫生健康委员会公告》（2020 年第 1 号）规定，经国务院批准，将新型冠状病毒感染的肺炎纳入《国境卫生检疫法》规定的检疫传染病管理。《国境卫生检疫法》第四条规定：“入境、出境的人员、交通工具、运输设备以及可能传播检疫传染病的行李、货物、邮包等物品，都应当接受检疫，经国境卫生检疫机关许可，方准入境或者出境。”第十二条规定：“国境卫生检疫机关对检疫传染病染疫人必须立即将其隔离，隔离期限根据医学检查结果确定；对检疫传染病染疫嫌疑人应当将其留验，留验期限根据该传染病的潜伏期确定。因患检疫传染病而死亡的尸体，必须就近火化。”第十四条第一款规定：“国境卫生检疫机关对来自疫区的、被检疫传染病污染的或者可能成为检疫传染病传播媒介的行李、货物、邮包等物品，应当进行卫生检查，实施消毒、除鼠、除虫或者其他卫生处理。”《国境卫生检疫法实施细则》第一百零九条第三项、第一百一十条第一款规定，对拒绝接受检疫或者抵制卫生监督，拒不接受卫生处理的，处以警告或者 100 元以上 5000 元以下的罚款。

（七）编造、故意传播虚假疫情信息的法律责任

《突发事件应对法》第六十五条规定："违反本法规定，编造并传播有关突发事件事态发展或者应急处置工作的虚假信息，或者明知是有关突发事件事态发展或者应急处置工作的虚假信息而进行传播的，责令改正，给予警告；造成严重后果的，依法暂停其业务活动或者吊销其执业许可证；负有直接责任的人员是国家工作人员的，还应当对其依法给予处分；构成违反治安管理行为的，由公安机关依法给予处罚。"《治安管理处罚法》第二十五条规定，散布谣言，谎报险情、疫情、警情或者以其他方法故意扰乱公共秩序的，处5日以上10日以下拘留，可以并处500元以下罚款；情节较轻的，处5日以下拘留或者500元以下罚款。《刑法》第二百九十一条之一第二款规定："编造虚假的险情、疫情、灾情、警情，在信息网络或者其他媒体上传播，或者明知是上述虚假信息，故意在信息网络或者其他媒体上传播，严重扰乱社会秩序的，处三年以下有期徒刑、拘役或者管制；造成严重后果的，处三年以上七年以下有期徒刑。"

（八）经营者的价格违法行为

《价格法》第十三条规定："经营者销售、收购商品和提供服务，应当按照政府价格主管部门的规定明码标价，注明商品的品名、产地、规格、等级、计价单位、价格或者服务的项目、收费标准等有关情况。经营者不得在标价之外加价出售商品，不得收取任何未予标明的费用。"第十四条规定："经营者不得有下列不正当价格行为：（一）相互串通，操纵市场价格，损害其他经营者或者消费者的合法权益；（二）在依法降价处理鲜活商品、季节性商品、积压商品等商品外，为了排挤竞争对手或者独占市场，以低于成本的价格倾销，扰乱正常的生产经

营秩序，损害国家利益或者其他经营者的合法权益；（三）捏造、散布涨价信息，哄抬价格，推动商品价格过高上涨的；（四）利用虚假的或者使人误解的价格手段，诱骗消费者或者其他经营者与其进行交易；（五）提供相同商品或者服务，对具有同等交易条件的其他经营者实行价格歧视；（六）采取抬高等级或者压低等级等手段收购、销售商品或者提供服务，变相提高或者压低价格；（七）违反法律、法规的规定牟取暴利；（八）法律、行政法规禁止的其他不正当价格行为。”此外，根据《价格法》和《价格违法行为行政处罚规定》的规定，经营者的价格违法行为，还包括经营者不执行政府指导价、政府定价以及法定的价格干预措施、紧急措施的行为，以及违反明码标价的规定等行为。

《价格法》第六章、《价格违法行为行政处罚规定》第四条至第十五条详细规定了各项价格违法行为的处罚措施。比如，对“捏造、散布涨价信息，哄抬价格，推动商品价格过高上涨的”行为，《价格法》第四十条规定：“经营者有本法第十四条所列行为之一的，责令改正，没收违法所得，可以并处违法所得五倍以下的罚款；没有违法所得的，予以警告，可以并处罚款；情节严重的，责令停业整顿，或者由工商行政管理机关吊销营业执照。有关法律对本法第十四条所列行为的处罚及处罚机关另有规定的，可以依照有关法律的规定执行。”《价格违法行为行政处罚规定》第六条规定：“经营者违反价格法第十四条的规定，有下列推动商品价格过快、过高上涨行为之一的，责令改正，没收违法所得，并处违法所得 5 倍以下的罚款；没有违法所得的，处 5 万元以上 50 万元以下的罚款，情节较重的处 50 万元以上 300 万元以下的罚款；情节严重的，责令停业整顿，或者由工商行政管理机关吊销营业执照：（一）捏造、散布涨价信息，扰乱市场价格秩序的；

（二）除生产自用外，超出正常的存储数量或者存储周期，大量囤积市场供应紧张、价格发生异常波动的商品，经价格主管部门告诫仍继续囤积的；（三）利用其他手段哄抬价格，推动商品价格过快、过高上涨的。行业协会或者为商品交易提供服务的单位有前款规定的违法行为的，可以处五十万元以下的罚款；情节严重的，由登记管理机关依法撤销登记、吊销执照。前两款规定以外的其他单位散布虚假涨价信息，扰乱市场价格秩序，依法应当由其他主管机关查处的，价格主管部门可以提出依法处罚的建议，有关主管机关应当依法处罚。”

（九）被新冠病毒病原体污染的污水、污物、场所和物品的处置

《传染病防治法》第二十七条规定：“对被传染病病原体污染的污水、污物、场所和物品，有关单位和个人必须在疾病预防控制机构的指导下或者按照其提出的卫生要求，进行严格消毒处理；拒绝消毒处理的，由当地卫生行政部门或者疾病预防控制机构进行强制消毒处理。”第四十七条规定：“疫区中被传染病病原体污染或者可能被传染病病原体污染的物品，经消毒可以使用的，应当在当地疾病预防控制机构的指导下，进行消毒处理后，方可使用、出售和运输。”

二、乡村社会应急治理

（一）加强基层组织建设

2020 年 6 月 29 日，习近平总书记在十九届中共中央政治局第二十一次集体学习时强调，基层党组织是贯彻落实党中央决策部署的“最后一公里”，不能出现“断头路”，要坚持大抓基层的鲜明导向，持续整顿软弱涣散基层党组织，有效实现党的组织和党的工作全覆盖，抓紧补齐基层党组织领导基层治理的各种短板，把各领域基层党组织

建设成为实现党的领导的坚强战斗堡垒。

乡村治理作为国家治理的重要方面，治理能力高低、治理水平好坏事关我国能否尽早实现国家治理现代化，能否尽早建成中国特色社会主义现代化强国。随着国家治理重心的下移，基层治理会成为国家治理的重中之重，因而加强基层党组织建设，强化基层党组织的战斗堡垒作用就显得尤为重要。此外，充分认识农村社会组织在乡村振兴战略中的重要作用，加快形成适应农民群众需要的农村社会组织，把农村社会组织的培育发展情况作为乡村振兴的重要内容，把加强农村社会组织培育落到实处。根据乡村建设情况，引导在文化、教育、农业等多方面加强农村社会组织建设，不断壮大农村社会组织的志愿服务队伍，引导社会组织有序参与乡村治理体系建设，在巩固脱贫攻坚成果、就业创业、生产互助、卫生健康、文化体育、社会治安、纠纷调解、生活救助、减灾救灾、留守人员关爱等方面发挥作用。

应急治理、疫情防控在乡村社会首先属于村民自治范围，必须发挥农村基层组织自身的基础性作用。既然要求全体村民积极参与此项事务，就需要有相应的行为规范作为指引。村规民约就是这样一种指引村民行为的规范，它来源于乡村，运行在乡村。当然，村规民约也离不开国家法律法规和相关政策，这些内容需要通过村规民约来实现乡村在地化，从而达成国家法律和乡规民约在国家治理上的一致性。无论在内容上还是在表达形式上，村规民约都并没有一个固定的模式，各地都可以根据当地实际采取不同措施，这种自主性本身就是村民自治的体现。村民自治的效果还要看村规民约的实施情况，如果实施无力，村规民约就变成一纸空文。各地根据村规民约，在疫情防控方面，对违反村规民约的村民进行了处理。通过制定和实施疫情防控村规民约，我国的村民自治进一步落实，基层民主进一步增强。

（二）推进法治乡村建设，提高依法治理能力

法律制度与国家治理体系和治理能力现代化息息相关。疫情防控涉及方方面面，同样也需要在法治框架下进行，依法开展各项工作。习近平总书记强调，"疫情防控越是到最吃劲的时候，越要坚持依法防控，在法治轨道上统筹推进各项防控工作，全面提高依法防控、依法治理能力，保障疫情防控工作顺利开展，维护社会大局稳定"[①]。应急治理法制是一个国家或地区针对突发事件及其引起的紧急状态制定或认可的处理国家权力之间、国家权力与公民权利之间、公民权利之间的各种社会关系的法律规范和原则的总称。在突发事件应急治理法制方面，我国已经初步形成了以《突发事件应对法》为核心，包括《传染病防治法》《突发公共卫生事件应急条例》等配套法律法规的体系，这些都是村规民约制定和实施的重要法律根据。

应急治理法律法规具有较强的专业性，而法治乡村建设的对象是乡村社会和村民。因此，需要通过村规民约等行为规范形式进行宣传和解释。其中，提高村民自身的法治意识更是重中之重。

典型案例

案情简介

新冠肺炎疫情暴发以来，为增强群众防控新冠肺炎疫情的意识和能力，形成强大的群防群控合力，一些地方政府指导辖区内村（社区）将

① 习近平:《全面提高依法防控依法治理能力　健全国家公共卫生应急管理体系》,《求是》2020 年第 5 期。

疫情防控相关政策、指令、要求纳入村规民约和居民公约，提升村（居）民在疫情防控中的自我管理、自我服务、自我教育、自我监督的能力，坚决筑牢织密疫情防控第一道防线。一些村制定的村规民约比较合理地规定了返乡人员须向村里报备，居家或者集中隔离。如甲村制定的《疫情防控村规民约》规定："返乡人员请自觉向村里登记报备，接受居家管理，并做好体温监测和健康报告。"但是，由于新冠肺炎疫情防控工作的突发性和紧迫性，一些村庄在疫情防控早期采取了路障封路、简单驱赶外地人等不合法行为，一些村规民约中存在着简单驱离外来人员甚至本村人员的内容。如乙村制定的《防控新型病毒肺炎村规民约》规定："继续设卡禁止外人进村。对刚从外地回来想进村的本村村民，一律劝返，不许进村。"这些做法虽然在一定程度上有助于本村的疫情防控工作，但是可能损害外来人员的合法权益，也可能会给防控救治工作带来不便。经过及时纠偏，该村按照道路畅通的要求疏通了道路，同时增加了防控工作人员。

案例评析

疫情防控村规民约在推进乡村法治建设方面的功能体现在两个方面，一是增强村民和乡村的依法防控意识，二是保障落实依法防控的各项工作。如果疫情防控村规民约中有不合法行为，根据《村民委员会组织法》第二十七条的规定，乡镇人民政府应当及时责令改正其中与宪法、法律、法规和国家的政策相抵触的内容。疫情防控工作是乡村应急事务，但不属于村民的绝对自治范围，还应当坚持法治原则，遵循法律规定，这就对乡村法治建设提出了新的更高的要求。

（三）加强乡村道德教化

道德教化是传统中国乡村社会秩序维持的重要手段，德治在乡村治理新体系中的地位也已首次得到明确，我国的乡村治理由此进入了一个新的发展阶段。在此次疫情防控中，村规民约在助力乡村道德教化方面发挥了积极作用。在人员方面，各级各类道德模范等新乡贤也积极参与疫情防控村规民约的制定和实施，起到了示范带头作用。在具体的制定程序方面，有的村规民约是由村“两委”、道德评议会、红白理事会等共同商议，然后由村民决议。以道德教化为核心的新型乡村组织参与疫情防控村规民约的制定和实施，有助于增强村规民约的道德属性，有助于村规民约被村民遵守。

在某些疫情防控村规民约中，并没有直接的约束性措施，主要是倡议性或者禁止性的内容，需要其他相关辅助性措施来保障实施。在具体实施方面，有的村规民约充分发挥德治的功能，将自治与德治结合起来。宁夏回族自治区银川市兴庆区通贵乡积极利用村规民约“积分银行”、道德红黄蓝榜“评先曝丑”等乡村治理有效抓手，织密“群防群控、联防联控”抗击疫情阻击网。四川省广元市利州区龙潭乡某村于 2020 年 2 月 5 日制定了《防控疫情临时村规民约》和“道德积分”加减分项目。在“道德积分”评比方面，该村专门增加了有关疫情防控的相关内容。比如，参与卡口值守、消毒喷洒等工作的，根据时长加 0.5—2 分，积极捐赠口罩、消毒液等防护物资的加 1—3 分；对不遵守村规民约的，发现一次扎堆聊天扣 0.2 分，一次不戴口罩扣 0.2 分，一次打麻将扣 0.5 分。正如龙潭乡党委书记所说：“在法治的同时推行德治，将新冠肺炎疫情防控写入村规民约，以此推动群众自治。”四川省雅安市汉源县九襄镇某村在疫情防控工作中，运用“道德红黑榜”，建立了“红榜”正向激励、“黑榜”反向约束的红黑榜制度，红榜展示在疫情防控中的先进典型，黑榜鞭挞违反规定、在疫情防控工作中的反面人物。“道德红黑榜”的依据也是村规民约。无论是自治、法治还是德治，都需要通过一定的载体来体现。在以前的乡村治理中，德治的载体并不明显；而在提出“三治结合”的乡村治理新体系后，“道德评议会”“道德红黑榜”“红白理事会”等载体越来越多，并在实践中发挥了作用。

（四）加强平安乡村建设，增强乡镇公共服务能力和水平

乡村社会安全有序是农民群众美好生活和社会发展的前提与保障。农村公共安全涉及内容主要包括农村公共卫生、安全生产、防灾减灾救灾、应急救援、应急广播、食品、药品、交通、消防等，每项内容都与农民群众的人身和财产安全密切相关，农村公共安全服务是一项长期性的工作，是地方各级人民政府履职的一项基本任务。

健全农村公共安全体系，强化安全管理责任，一要加强农村安全隐患的源头治理防控，建立完善党委和政府主导、基层群众参与、社会协同的协调机制，互通信息、共享资源、形成合力，加强对农村公共安全的源头治理。二要建立预警和防范管理机制，建立健全农村公共安全分级预警制度，对重点对象、重点问题、重点区域进行全面、彻底、细致排查，全面掌握信息，形成科学预警。三要加强对重点区域的监管，对农村集贸市场、交通站点等区域经常开展明察暗访，定期开展专项整治，推动网格化、精细化管理。四要加强农村社会治安防控体系建设，落实平安建设领导责任制。优化总体规划，充分发挥大数据、云计算、人工智能等信息技术在社会治安防控中的作用，增强农村地区基础信息采集，完善治安防控信息平台建设。五要加强对

农村矫正对象、刑满释放人员等特殊人群的服务管理。加强农民群众拒毒防毒宣传教育，依法打击整治毒品违法犯罪活动。完善经费保障、技术保障、队伍建设、基层基础建设，建立健全农村地区扫黑除恶常态化机制。依法加大对农村非法宗教活动、邪教活动的打击力度，制止利用宗教、邪教干预农村公共事务，大力整治农村乱建宗教活动场所、滥塑宗教造像。六要加强农村警务工作，大力推行“一村一辅警”，扎实开展智慧农村警务室建设，完善定期走访群众、摸排各类违法线索、化解矛盾纠纷、开展治安防范宣传、协助破获各类案件、协助交通安全管理等工作制度，充分发挥辅警职责。

加强乡镇公共服务和基础设施的规划建设，不断完善农村义务教育、医疗卫生、社会保险、劳动就业、文化体育等基本公共服务。要加强乡镇中小学、乡镇卫生院、农技推广站等条件建设，形成区域性服务中心。要推动推进“放管服”改革和“最多跑一次”改革向基层延伸，整合乡镇和县级部门派驻乡镇机构承担的职能相近、职责交叉的工作事项，建立集综合治理、市场监管、综合执法、公共服务等于一体的统一平台，实行“一门式办理、一站式服务”。加大乡镇基本公共服务投入，推进乡镇现有公共服务资源的优化整合，推动优质公共服务资源向农村延伸。

第六章

涉农村基本经营制度相关法

随着全面依法治国的推进，政府各项涉农工作的法治化程度得到了全面提升，村民依法维护合法权益的意识全面增强，但是乡村治理的法治化建设仍然任重道远。本章主要围绕农村不动产登记、土地确权、乡村建设规划许可、集体土地征收与补偿、乡村违法用地行为及处置等方面的法治内容作简要阐述。

一、农村不动产登记

（一）不动产登记的概念和类型

不动产登记是指不动产登记机构依法将不动产权利归属和其他法定事项记载于不动产登记簿的行为。不动产登记属于行政确认行为，是不动产登记机构对行政申请人的法律事实等进行甄别，然后予以确定、认可、证明并且宣告公示的过程。农村不动产登记主要涉及集体土地所有权，农村房屋等建筑物、构筑物所有权，耕地、林地、土地等土地承包经营权，集体建设用地使用权，宅基地使用权相关不动产权利；而从不动产登记的类型来看，主要涉及首次登记（初始登记）、变更登记、转移登记和注销登记。首次登记是所有不动产登记的基础，在没有进行不动产首次登记前，除法律法规另有规定外，不能进行其他不动产登记。

不动产权利人可以在出现下列情形时向不动产登记机构申请变更登记:（1）权利人的姓名、名称、身份证明类型或者身份证明号码发生变更的;（2）不动产的坐落、界址、用途、面积等状况变更的;（3）不动产权利期限、来源等状况发生变化的;（4）同一权利人分割或者合并不动产的;（5）抵押担保的范围、主债权数额、债务履行期限、抵押权顺位发生变化的;（6）最高额抵押担保的债权范围、最高债权额、债权确定期间等发生变化的;（7）地役权的利用目的、方法等发生变化的;（8）共有性质发生变更的;（9）法律、行政法规规定的其他不涉及不动产权利转移的变更情形。

因下列情形导致不动产权利转移的，当事人可以向不动产登记机构申请转移登记:（1）买卖、互换、赠与不动产的;（2）以不动产作价出资（入股）的;（3）法人或者其他组织因合并、分立等原因致使不动产权利发生转移的;（4）不动产分割、合并导致权利发生转移的;（5）继承、受遗赠导致权利发生转移的;（6）共有人增加或者减少以及共有不动产份额变化的;（7）因人民法院、仲裁委员会的生效法律文书导致不动产权利发生转移的;（8）因主债权转移引起不动产抵押权转移的;（9）因需役地不动产权利转移引起地役权转移的;（10）法律、行政法规规定的其他不动产权利转移情形。

当事人可以在具备以下情形时申请办理注销登记:（1）不动产灭失的;（2）权利人放弃不动产权利的;（3）不动产被依法没收、征收或者收回的;（4）人民法院、仲裁委员会的生效法律文书导致不动产权利消灭的；（5）法律、行政法规规定的其他情形。不动产上已经设立抵押权、地役权或者已经办理预告登记，所有权人、使用权人因放弃权利申请注销登记的，申请人应当提供抵押权人、地役权人、预告登记权利人同意的书面材料。

（二）不动产的登记程序

不动产登记有着严格的法定程序，基于不同类型和所涉权利不同，相应的登记程序和需要的登记材料也会有所差异。从共性角度出发，主要应完成以下程序。

1. 提出不动产登记申请

不动产登记程序的启动主要依据申请人提出申请，市、县人民政府也可以根据情况对本行政区划内未进行首次登记的不动产统一获取材料组织登记。在依据申请人申请不动产登记中，申请应依据不动产登记的类型和权属种类提供相应的材料、填写申请书并提交身份证明材料，如不能提供原件，应保证所提供的复印件与原件保持一致。需要注意的是，处分共有不动产申请登记的，应当经占份额三分之二以上的按份共有人或者全体共同共有人共同申请，无民事行为能力人、限制民事行为能力人申请不动产登记的，应当由其监护人代为申请。因继承、受遗赠取得不动产，当事人申请登记的，应当提交死亡证明材料、遗嘱或者全部法定继承人关于不动产分配的协议以及与被继承人的亲属关系材料等，也可以提交经公证的材料或者生效的法律文书。

2. 不动产登记部门受理申请，并对相关材料进行审查

主要审查以下方面：（1）申请人、委托代理人身份证明材料以及授权委托书与申请主体是否一致；（2）权属来源材料或者登记原因文件与申请登记的内容是否一致；（3）不动产界址、空间界限、面积等权籍调查成果是否完备，权属是否清楚，界址是否清晰，面积是否准确；（4）法律、行政法规规定的完税或者缴费凭证是否齐全。

3. 实地查看工作

不动产登记机构进行实地查看，对于申请登记的事项进行核实，重点查看下列情况：（1）房屋等建筑物、构筑物所有权首次登记，查看房屋坐落及其建造完成等情况；（2）在建建筑物抵押权登记，查看抵押的在建建筑物坐落及其建造等情况；（3）因不动产灭失导致的注销登记，查看不动产灭失等情况。

4. 登记前公告

公告应当在不动产登记机构门户网站以及不动产所在地等指定场所进行，公告期不少于 15 个工作日。公告所需时间不计算在登记办理期限内。公告期满无异议或者异议不成立的，应当及时记载于不动产登记簿。

5. 开具不动产证明或发放不动产权属证书

不动产登记机构应当根据不动产登记簿，填写并核发不动产权属证书或者不动产登记证明。不动产登记机构应当依法向权利人核发不动产权属证书。不动产权属证书和不动产登记证明，应当加盖不动产登记机构登记专用章。

6. 不动产证明或不动产证书换发

不动产权属证书或者不动产登记证明污损、破损的，当事人可以向不动产登记机构申请换发。符合换发条件的，不动产登记机构应当予以换发，并收回原不动产权属证书或者不动产登记证明。不动产权属证书或者不动产登记证明遗失、灭失，不动产权利人申请补发的，由不动产登记机构在其门户网站上刊发不动产权利人的遗失、灭失声明15个工作日后，予以补发。不动产登记机构补发不动产权属证书或者不动产登记证明的，应当将补发不动产权属证书或者不动产登记证明的事项记载于不动产登记簿，并在不动产权属证书或者不动产登记证明上注明“补发”字样。

7. 收回不动产权属证书或者不动产登记证明

因不动产权利灭失等情形，不动产登记机构需要收回不动产权属证书或者不动产登记证明的，应当在不动产登记簿上将收回不动产权属证书或者不动产登记证明的事项予以注明；确实无法收回的，应当在不动产登记机构门户网站或者当地公开发行的报刊上公告作废。

典型案例

案情简介

吴某一与方某某于2000年同居生活，2008年5月8日在广东省惠来县民政局补办婚姻登记。2002年年初，夫妻双方在位于惠城镇华群村的宅基地上建设房屋地基，2007年续建成一层房屋，建筑面积88.4平方米。2009年5月1日，方某某向惠来县房产管理局申请将上述房屋产权登记在其本人名下，证号：粤房地证字第C72311××号。2009年4月初，方某某经朋友吴某二介绍，同意将上述房产出卖给林某某，林某某长驻广州，林某某遂口头委托吴某二代为办理。吴某二与方某某经洽谈后，双方达成协议，方某某同意将上述房产以55万元（含过户费1万元）卖给林某某，并口头约定，过户手续由林某某负责办理。林某某通过吴某二，将购房款支付给方某某。在此过程中，双方既未签订买卖合同，方某某收到款项后，也没有向吴某二出具收款收据。

2009年5月12日，方某某要求林某某购买房产后不能立即使用，经与吴某二协商，双方达成协议并签订了《协议合同书》。该协议书由方某某书写，协议规定：必须清除房产西边公路临时建筑物后，林某某才能使用购买的房屋。同月13日，方某某以林某某的名义向惠来县房产管理局属下机构惠来县房地产交易管理所书面申请将上述房地产产权转移，并提交粤房地产证字第C72311××号《房地产权证》，方某某、林某某的身份证及双方签订的《房地产买卖合同》。惠来县房地产交易管理所经过现场勘查，明确四面墙界，林某某按规定缴纳契税后，同月14日，经惠来县房产管理局批准，办理了产权转移登记，并颁发登记字号为惠房交050××号《房地产权证》，权属人为林某某。方某某经手操办产权转移手续后，将惠房交050××号《房地产权证》交吴某二转还林某某。2013年上述房产西边临时建筑物拆除后，方某某未依约将房产交还林某某。2015年2月13日，方某某之妻吴某一以惠来县房产管理局颁发给林某某的惠房交050××号《房地产权证》损害其合法权益为由，向法院提起行政诉讼，请求撤销惠来县房产管理局颁发的惠房交050××号《房地产权证》。法院经审理认为，案涉房屋登记行为违反法律规定，依法应予撤销。

案例评析

农村房屋不能向城市居民流转并据此办理房产登记。农村宅基地使用权的享有是与集体经济组织成员的资格联系在一起的，在一定程度上具有福利性质和社会保障的功能。因此，宅基地使用权的主体为集体经济组织成员，不能向本集体经济组织之外进行流转。本案中，方某某将宅基地上建造的房产转让给林某某，并向惠来县房产管理局申请房屋所有权转移登记。其转让案涉房产的性质属于集体土地上宅基地建造的房屋，受让人林某某作为广州城镇居民，不属于该宅基地所在地集体经济组织成员，被告在进行房屋登记时，明显违反了法律的禁止性规定。该登记行为应予纠正。

二、土地确权

（一）土地确权的涵义

土地权属争议是指两个以上单位或者个人同时对同一块土地主张权属，当事人双方因土地所有权、使用权和他项权利归属问题而发生的纠纷或争议。土地权属争议一般是由于地界不清、土地权属紊乱、政策和体制的变更，以及其他历史原因遗留问题造成的。土地侵权案件、行政区域边界争议案件、土地违法案件、农村土地承包经营权争议案件等，不能作为土地权属争议案件予以受理。依据《土地管理法》等法律法规、土地管理规章处理权属争议时，要坚持尊重历史、面对现实、有利生产生活、促进社会和谐稳定的基本原则。法院在审查行政机关作出的处理决定时要以事实为基础，尊重行政机关的判断权，如确权处理决定确有错误，也不宜直接判决权利归属，尤其是在事实不清的情况下，仍应由行政机关调查处理。

（二）土地确权程序

土地所有权和使用权争议，由当事人协商解决；协商不成的，由人民政府处理。根据争议所涉主体不同，处理争议的政府级别不同。其中单位之间的争议，由县级以上人民政府处理，具体由县级以上国土资源行政主管部门负责土地权属争议案件的调查和调解工作，对需要依法作出处理决定的，拟定处理意见，报同级人民政府作出处理决定。个人之间、个人与单位之间的争议，由乡级人民政府或县级以上人民政府处理。在土地所有权和使用权争议解决前，任何一方不得改变土地利用现状。

具体程序为:（1）符合条件的申请人提出申请。一是申请人与争议的土地有直接利害关系；二是有明确的请求处理对象、具体的处理请求和事实根据。（2）受理。对申请人提出的土地权属争议调查处理的申请，国土资源行政主管部门应当依法进行审查，并在收到申请书之日起 7 个工作日内提出是否受理的意见。认为应当受理的，在决定受理之日起 5 个工作日内将申请书副本发送被申请人。被申请人应当在接到申请书副本之日起 30 日内提交答辩书和有关证据材料。逾期不提交答辩书的，不影响案件的处理。认为不应当受理的，应当及时拟定不予受理建议书，报同级人民政府作出不予受理决定。该不予受理的决定可以复议和诉讼。（3）开展调查。通过对相关人员制作调查笔录、实地走访、历史账册查阅等方式开展。（4）开展调解工作。应当在查清事实、分清权属关系的基础上先行调解，调解应当坚持自愿、合法的原则。调解达成一致的制作调解书，并在调解书生效之日起 15 日内送达各方当事人；调解不能达成一致，国土资源行政主管部门提出调查处理意见。（5）作出处理决定。国土资源行政主管部门应当自受理土地权属争议之日起 6 个月内提出调查处理意见，如疑难复杂可适当延长。国土资源行政主管部门提出调查处理意见后，应当在 5 个工作日内报送同级人民政府，由人民政府下达处理决定。

典型案例

案情简介

2014年11月，陕西省西安市人民政府作出《关于莲湖区原潘家村城中村改造涉及集体土地转为国家所有的确权决定》（以下简称确权决定）。付某某等人认为该确权决定损害了其合法权益，提出行政诉讼。陕西省人民政府作出陕政复决字〔2015〕8号行政复议决定书，维持了涉诉确权决定。经查，该确权决定并非针对付某某等14人对土地使用权的处分，原潘家村集体经济组织成员已全部转为城镇居民。付某某等人自认原潘家村有921名村民。法院经审理认为，付某某等人提起本案诉讼不符合法律规定，裁定驳回起诉。

案例评析

本案涉及与集体土地所有权属有关行政行为的起诉主体。根据2004年修正的《土地管理法》第十一条之规定，农民集体所有的土地依法属于村农民集体所有的，由村集体经济组织或者村民委员会经营、管理。因此，对因村农民集体所有的土地的变更、转移或者征收等行政行为不服，有权提起诉讼的应当是村集体经济组织或者村民委员会等，而不应当是个别村民。如村民对相关行政行为不服且村集体经济组织或村民委员会又不主动提起诉讼，则村民应当依照《村民委员会组织法》规定的程序，通过村民会议或村民代表会议形成集体决定，并由村民委员会执行，以确保起诉代表整村村民的集体意志。村民集体经济组织成员全部转为城镇居民后，也可依据《最高人民法院关于审理涉及农村集体土地行政案件若干问题的规定》第三条第二款的规定，由过半数的原集体经济组织成员提起诉讼。

三、乡村建设规划许可

（一）建设规划许可的概念及类型

“规划”一词的含义是指比较长远、全面的发展计划，包括方针、目标和步骤等。因此，“城乡规划”从字面上指比较长远、全面的城乡建设发展计划。城乡规划的含义可以从不同的层面进行理解。首先，它是一项政府对于城乡发展进行控制、引导的职能，体现了政府对于城乡发展过程中的一系列重大问题的具体安排，是政府对于城乡开发建设过程的具体管制。其次，它是一种作为专业人员的职业实践，城市规划是一门科学，也是一项专业技术，通过城市规划师这一职业群体的劳动，对城市未来的发展目标进行科学预测，对城市发展中所遇到的一系列矛盾加以综合协调。最后，它又是一项全社会参与的公共活动，作为居住和工作在城市的每一个人都会对城乡发展有重大影响。因此，城乡规划从来就是一个全社会参与的社会过程。《城乡规划法》第一条也规定了“为了加强城乡规划管理，协调城乡空间布局，改善人居环境，促进城乡经济社会全面协调可持续发展”等多项立法目的。不过，就具体操作层面而言，“城乡规划”一般是指对一定时期内城乡的经济社会发展、土地利用、空间布局以及各项建设的综合部署、具体安排和实施管理。

《行政许可法》第二条规定：“本法所称行政许可，是指行政机关根据公民、法人或者其他组织的申请，经依法审查，准予其从事特定活动的行为。”所谓城乡规划许可，即准予公民、法人或者其他组织实施城乡建设行为。《城乡规划法》第三十七条至第四十二条，对城乡规划实施中各项建设行为的许可制度作出了具体规定，即建设单位或者个人在实施建设行为前，应当按照相关规定申请办理许可证。《城乡规划法》第二条第二款规定：“本法所称城乡规划，包括城镇体系规划、城市规划、镇规划、乡规划和村庄规划。城市规划、镇规划分为总体规划和详细规划。详细规划分为控制性详细规划和修建性详细规划。”该规定对城乡规划的类型作出了具体规定。需要说明的是，行政区划意义上的乡村，并不一定与乡村划区相对应，亦有可能在城镇规划区。如果有关乡村位于城镇规划区，则应当按照城镇规划管理规定办理相应的许可手续。

（二）办理乡村规划行政许可的程序

（1）申请。公民、法人或其他组织需要取得乡村规划行政许可的，应当向有关行政机关提出申请。申请人申请乡村规划行政许可的，应当如实向行政机关提交有关材料和反映真实情况，并对其申请材料实质内容的真实性负责。

（2）审查。行政机关应当对申请人提交的申请材料进行审查。根据法定条件和程序，需要对申请材料的实质内容进行核实的，行政机关应当指派2名以上工作人员进行核查。行政机关对行政许可申请进行审查时，发现行政许可事项直接关系他人重大利益的，应当告知该利害关系人。申请人、利害关系人有权进行陈述和申辩。行政机关应当听取申请人、利害关系人的意见。

（3）决定。除可以当场作出行政许可决定的外，行政机关应当自受理行政许可申请之日起20日内作出行政许可决定。20日内不能作出决定的，经本行政机关负责人批准，可以延长 10 日，并应当将延长期限的理由告知申请人。申请人的申请符合法定条件、标准的，行政机关应当依法作出准予行政许可的书面决定。行政机关依法作出不予行政许可的书面决定的，应当说明理由，并告知申请人享有依法申请行政复议或者提起行政诉讼的权利。

典型案例

案情简介

原告王某一与第三人王某二系祖屋邻居，该祖屋中间房屋共用，道坦众用。2012 年 12 月，第三人向被告永嘉县住建局申请拆建中间房屋审批手续。2013 年 1 月 7 日取得被告核发的《建设用地规划许可证》，2013 年 3 月 26 日取得《永嘉县农村私人建房用地呈报表》，2013 年 4 月 23 日，第三人向被告申请建设工程规划许可，并提交了《建设用地规划许可证》《永嘉县农村私人建房用地呈报表》及建设工程设计方案（施工图）等申请材料。被告下属枫林规划所在审批表中签署审批意见："该工程为 1 间 3 层拆迁住宅，符合规划，报批建筑面积 147.96 平方米。"未说明第三人建房需要达到的规划条件、规划要求、相关技术审批管理规定。审批附图中四邻意见栏里，原告的名字非原告本人所签，被告未审核四邻意见的真实性。被告于 2013 年 5 月 8 日向第三人核发了 33032420131×××× 号建设工程规划许可证，核发许可证前未将许可决定的内容在施工现场或政府网站上进行公示。法院经审理认为，相邻权人在行政机关作出建设工程规划许可过程中损害其权益时具有原告主体资格，且被告作出案涉许可程序违法，依法应予撤销，并责令被告重新作出处理。

案例评析

本案涉及建设工程规划许可不得侵犯相邻人权益。相邻关系居住的双方，对于组屋中间部分公用，一方取得建设工程规划许可需另一方签字确认，此时的建设工程规划许可行为就会涉及相邻权人的实际利益，由此获得了诉权。规划许可直接涉及申请人与他人之间重大利益关系的，规划许可机关在作出规划许可决定前，应当将许可内容、申请人和利害关系人享有的权利等事项在政府门户网站和建设项目现场等场所进行公告，申请人、利害关系人对许可事项提出异议的，规划许可机关应当研究处理并及时回复处理结果。申请人、利害关系人在法定期限内提出听证要求的，规划许可机关应当组织听证，《行政许可法》第三十四条第三款规定：“根据法定条件和程序，需要对申请材料的实质内容进行核实的，行政机关应当指派两名以上工作人员进行核查。”第三人的审批附图中四邻意见上原告的名字非原告签署，足见被告在用地规划许可阶段和建设工程规划许可阶段均没有审核四邻意见的真实性，未尽审慎审查义务。

四、集体土地征收与补偿

（一）集体土地征收的法律依据

城乡二元体制之下，我国的土地制度采取了集体土地和国有土地区分处理。在日常生活中通常使用的“拆迁”一词来自已经废止的《城市房屋拆迁管理条例》，主要适用于城市房屋的拆除，随着 2011 年 1 月 21 日《国有土地上房屋征收与补偿条例》的施行，“拆迁”一词被

“征收”取代。征收土地是国家为了社会公共利益的需要，依照法定程序将农民集体所有土地转为国有土地的过程，并在征收过程中依法保障被征收土地农民集体和个人的补偿安置利益。土地征用是指国家因公共利益的需要，以给予补偿为条件，对他人土地所有权以外的土地他项权利进行利用，待特定的公共事业目的完成后，仍将土地归还原土地所有权人的行为。

我国集体土地征收的法律依据主要为《民法典》第二百四十三条第一款、第二款，其规定如下：“为了公共利益的需要，依照法律规定的权限和程序可以征收集体所有的土地和组织、个人的房屋以及其他不动产。征收集体所有的土地，应当依法及时足额支付土地补偿费、安置补助费以及农村村民住宅、其他地上附着物和青苗等的补偿费用，并安排被征地农民的社会保障费用，保障被征地农民的生活，维护被征地农民的合法权益。”可见，集体土地征收补偿是指国家为了社会公共利益的需要，依据法律规定的程序和批准权限，依法给予农村集体经济组织及农民补偿后，将农民集体所有的土地收归国有的行为。但基于《土地管理法》《土地管理法实施条例》等相关法律法规关于地上附着物，尤其是宅基地上房屋的征收没有明确的规定，导致在集体土地征收过程中涉及房屋问题时往往采取“拆迁”这一概念。随着城市化进程的不断推进，城乡二元体制不断打破，“城中村改造”“旧城改造”等概念出现，“征收”“拆迁”“征迁”等概念也不断切换，出现在各地征收过程之中。

集体土地征收在当下的运行中仍然存在三大问题。第一，征收补偿标准未能充分体现市场价格。我国目前尚无集体土地所有权交易市场，无法以真实的市场交易为基础形成集体土地所有权征收补偿价格。

尽管在具体操作上可以比照国有土地的建设用地使用权价格进行补偿，但是建设用地使用权毕竟只是土地所有权的一部分，不能充分反映土地所有权的价值。第二，目前，集体土地征收程序尚未有统一规定，这给现行操作带来了随意性，易引发社会矛盾。实践中，农村集体经济组织作为土地的所有权人，代表被征收的农民个体与政府协商，而农民个体的参与程度较差，个人利益的财产权保障程度较低。第三，城市边界的集体土地征收，已经划归城市规划区范围内，存在区域性特征明显、分布比较分散等问题，在这类区域也往往易出现国有土地房屋与集体土地及房屋混征，补偿安置标准各异，群体性诉讼多发等情况。随着 2019 年《土地管理法》的修正，集体土地领域的管理及征收等相关工作也会带来新貌。

（二）征收前程序

2019 年新修正的《土地管理法》对于征前程序进行了规定，要求市、县人民政府申请征收土地前进行土地现状调查，公告听取被征地的农村集体经济组织及其成员意见，组织开展社会稳定风险评估等前期工作，与拟征收土地的所有权人、使用权人就补偿安置等签订协议，测算并落实有关费用，保证足额到位，方可申请征收土地。个别确实难以达成协议的，应当在申请征收土地时如实说明，供审批机关决策参考。具体为：国家征收土地的，依照法定程序批准后，由县级以上地方人民政府予以公告并组织实施。县级以上地方人民政府拟申请征收土地的，应当开展拟征收土地现状调查和社会稳定风险评估，并将征收范围、土地现状、征收目的、补偿标准、安置方式和社会保障等在拟征收土地所在的乡（镇）和村、村民小组范围内公告至少三十日，听取被征地的农村集体经济组织及其成员、村民委员会和其他利害关系人的意见。多数被征地的农村集体经济组织成员认为征地补偿安置方案不符合法律、法规规定的，县级以上地方人民政府应当组织召开听证会，并根据法律、法规的规定和听证会情况修改方案。拟征收土地的所有权人、使用权人应当在公告规定期限内，持不动产权属证明材料办理补偿登记。县级以上地方人民政府应当组织有关部门测算并落实有关费用，保证足额到位，与拟征收土地的所有权人、使用权人就补偿、安置等签订协议；个别确实难以达成协议的，应当在申请征收土地时如实说明。相关前期工作完成后，县级以上地方人民政府方可申请征收土地。

（三）征地审批

根据《土地管理法》及《土地管理法实施条例》，结合集体土地征收工作现状，集体土地征收主要分为两个阶段：一为征收审批阶段，二为组织实施阶段。其中，征收土地的审批权限分为国务院和省级人民政府，2004 年修正的《土地管理法》对于征地审批权限范围进行界定，除规定应由国务院批准征收的土地外，其他由省、自治区、直辖市人民政府批准，同时规定了备案制度。总体来看，该规定体现了国家对于土地的整体把控。2019 年修正的《土地管理法》中删除“并报国务院备案”。按照“谁的事权谁负责”的原则，省级人民政府决定征收的事项，由该人民政府负责。取消备案后，更有利于压实地方责任。自然资源部拟通过督察、用地审批监管平台等行政、技术手段加强对地方的监管。征收审批的流程主要包括：（1）征地前期调查；（2）勘测定界；（3）征前告知公示；（4）征地调查确认；（5）组织听证；（6）社会稳定风险评估；（7）办理征地审批；（8）批准。

（四）征地实施

土地分为国家所有和农民集体所有，在国家需要使用农民集体所有土地时，需要进行集体土地征收法定流程，而国有土地的使用，主要通过国有土地使用权的收回，如有地上房屋则涉及国有土地上房屋征收和补偿问题，这就形成了不同的征收路径，要依据《土地管理法》《国有土地上房屋征收与补偿条例》完成征收流程，实现征收目的。《国有土地上房屋征收与补偿条例》及相关法律规定直接对国有土地上房屋作出征收决定，并根据市场价格进行补偿。《土地管理法》及相关实施条例规定，对集体土地作出征收决定同时将地上房屋作为附着物进行补偿。在根本上涉及不同性质土地以及不同征收流程和条件。国有土地仅需征收房屋，而集体土地要同时解决土地性质转换和房屋补偿。但随着社会经济发展，城市化进程不断深化，城乡二元体制的边界逐渐模糊，随即出现了“城中村”等概念，而个别基层政府在实际征收工作开展过程中，将集体土地征收和国有土地上房屋征收过程混为一谈，造成了将国有土地上的房屋、集体土地上房屋混合征收的情况。

国家作为征收集体土地的主体，按照法定程序进行征地审批，经审批进入具体实施阶段。县级以上人民政府应当将征收土地方案予以公告，并组织实施。被征收人根据公告内容了解土地征收的相关情况，并根据公告要求在规定时间内到指定地点进行征地补偿登记。市、县人民政府土地行政主管部门根据经批准的征收土地方案，会同有关部门拟订征地补偿安置方案，在被征收土地所在地的乡镇、村予以公告。被征收人根据征地公告确定的期限，根据权属情况依法主动办理补偿登记，即“两公告一登记”。

（五）补偿

现行立法将集体土地征收主要规定为两个阶段，一是省级以上人民政府批准市、县人民政府征收土地阶段；二是市、县人民政府在本地区组织实施征收和补偿阶段。法律、法规、规章和规范性文件虽然规定了建设单位取得项目用地审批、核准、备案的条件，市、县人民政府建设用地审查报批的条件，市、县土地行政部门具体实施补偿的对象、标准、内容等，但没有明确规定何时、因何原因、由谁作出具体的征收决定和补偿决定。显然，在征收主体、征收时点、征收事由、征收行为等问题上，立法尚不完善。对此，《最高人民法院行政法官专业会议纪要（五）》明确规定，地方性法规、规章未明确规定市、县人民政府为补偿安置义务主体，市、县人民政府也未依法组建具有独立承担法律责任能力的征收管理机构并赋予该机构补偿安置行政管理职能的，确定市、县人民政府土地征收主管部门是补偿安置义务主体。规范性文件规定或者《征地补偿安置方案公告》规定由其他主体代表市、县人民政府土地行政主管部门签订补偿安置协议或者作出补偿决定的，可视为市、县人民政府土地行政主管部门委托实施，法律、法规、规章等另有规定的除外。

对市、县人民政府批准后的征地补偿安置方案有异议的，或者对适用征地补偿安置方案涉及的对被征地土地内人均耕地面积、被征土地前三年平均年产值的认定有异议的，或者对区片综合地价的使用标准和计算有异议的，应当先向拟定征地补偿安置方案的市、县人民政府的上一级人民政府申请协调，经协调不能达成一致意见，由批准征地的人民政府再行协调或依法作出裁决。征地补偿安置争议不影响征地方案的实施，被征地单位应按照批准的征地方案的规定，按时交付土地。

五、乡村违法用地行为与处置

（一）违法用地行为

违法用地行为主要是指违反我国土地管理法律、法规的行为。在我国，违法用地的现象还比较普遍。违法用地行为主要有以下几种类型。

（1）非法占地行为。违法占地行为有以下常见情形：未办理任何手续，私自占用土地的行为；超过批准土地使用范围，占用土地的行为；临时使用土地的期限届满，拒不交还土地的行为；土地被依法征收，拒不交出土地的行为等。

（2）非法审批行为。非法审批行为有以下常见情形：没有审批权的行政机关超越职权的审批用地行为；将同一项目用地进行拆分，“化整为零”进行审批；有关行政机关未按法定条件审批用地等。

（3）闲置、荒芜土地行为。用地单位或者个人依法取得土地后，应当及时利用土地，否则构成闲置、荒芜土地的违法行为。根据《土地管理法》第三十八条第一款的规定，对于闲置、荒芜土地的行为，有关行政机关可以依法收回土地使用权。

（4）擅自改变土地用途行为。土地用途受到法律的管制，用地单位和个人不得随意改变土地的用途。改变土地用途的情形比较常见。比如，将工业用地私自变更为商业用地、住宅用地，将农用地用作建设用地；一些地方政府和部门“以租代征”，即通过租用农民集体土地进行非农业建设，擅自扩大建设用地规模等。

除上述所列违法用地行为之外，还存在破坏耕地、非法转让土地等违法行为，在此不再一一列举。在乡村建设的执法实践中，非法占地行为、非法审批行为的处置最为多见。

（二）违法用地行为的处置程序

行政机关对土地违法行为的处置，应当按照行政处罚的相关程序进行，一般有以下环节。

（1）立案。土地行政管理部门对于在检查中发现的违法用地案件，或者上级交办、其他部门移送和群众举报的违法用地案件，经审查符合立案条件的，应当及时立案。

（2）调查。经立案的案件，土地行政管理部门应当指派人员进行调查，并收集相应的证据。调查取证时，不得少于两人。

（3）处理。经调查，违法用地不成立的，不得给予行政处罚；违法行为轻微，依法可以不予行政处罚的，不予行政处罚；违法行为已构成犯罪的，移送司法机关；确有应受行政处罚的违法行为的，根据情节轻重及具体情况，作出行政处罚决定，但在作出处理决定前，应当听取相关当事人的陈述和申辩。

（4）送达与执行。处罚决定作出之后，应当及时向当事人送达。当事人对土地行政管理部门作出的行政处罚决定，在法定期限内既不申请复议，也不向人民法院起诉，又不履行的，期满后由有关土地行政管理部门申请人民法院强制执行。

典型案例

案情简介

张某某于1994年登记了占地面积为97.57平方米的旧房三间。1998年，张某某申请拆除建新获准，建成实际占地面积104.13平方米的三层楼房。2003 年，张某某与某镇政府签订了房屋拆迁协议，拆除占地 104.13 平方米的旧房，建成占地 145.7 平方米的三层半房屋。2005 年 4 月，某市国土局下属镇国土资源所对张某某房屋作出罚没处理，再次对 104.13 平方米按照每平方米 300 元的标准收取了没收作价款 31239 元，票据上注明“原件做土地证”。2011 年 12 月 30 日，市国土局作出国土资源违法案件行政处罚决定书，认定张某某“未经依法批准在违建安置地块动工建造”，决定:（1）责令退还非法占用的 145.7 平方米土地；（2）限期拆除在非法占用的 145.7 平方米土地上新建的房屋。

2012 年 1 月 13 日，市国土局书面通知张某某办理退回 2005 年 4 月 7 日收取的没收作价款的退款相关手续，但张某某一直未办理退款手续，并诉至法院。一审法院认为，没收作价与限期拆除是对违法建设的两种处理方式。市国土局在对张某某房屋 104.13 平方米收取 31239 元没收作价款的情况下，又对张某某的房屋作出行政处罚决定，程序违法。此外，市国土局未对张某某房屋的来源、拆迁安置情况、合法占地面积等进行调查即作出限期拆除的行政处罚，事实不清，依据不足。据此，法院判决撤销市国土局作出的行政处罚。二审法院经审理维持了原判。

案例评析

本案涉及行政机关作出行政处罚不得违反“一事不再罚”原则。某市国土局针对张某某违法建设的房屋，依据《土地管理法》相关规定先后作出两次处罚，显然是违反了“一事不再罚”的原则。需要注意的是，“一事不再罚”应区别于法律法规规定的可以处以并罚的情形，两者并非同一概念。依据《土地管理法》第八十一条的规定，依法收回国有土地使用权当事人拒不交出土地的，在责令交还土地的同时可以并处罚款。

第七章

涉农村食品安全和消费者权益保护相关法

食品安全和消费者权益保护事关农民群众的切身利益，是重要的民生事项。习近平总书记对此十分关心，提出用“最严谨的标准、最严格的监管、最严厉的处罚、最严肃的问责”（“四个最严”）确保广大人民群众“舌尖上的安全”。法律法规对食品安全和消费权益保护进行了较为详细的规定，如《食品安全法》《食品安全法实施条例》《进出口食品安全管理办法》《消费者权益保护法》《侵害消费者权益行为处罚办法》等，各地的地方法规和政府规章等也对此进行了各种规定。保护农村消费者权益是推进乡村振兴战略的重要内容，涉农村食品安全也是农村消费者权益保护的重要内容。

一、农村食品安全的主要法律制度

民以食为天，食品是人们生活的必需品。而食又以安为先，随着社会的发展，食品的营养价值、合理搭配、健康安全成为人们衡量食品的重要标准。党和国家高度重视食品安全工作，随着《食品安全法》的颁布、多次修正及监管体制的持续改革，基本建成了具有权威性、震慑力的食品安全保障法律体系，食品安全检测监测总体情况向好，食品安全质量不断提高。但农村地区由于卫生状况较差、食品经营主体素质不高、食品进货把关不严等问题较为突出，加上农村地区地广人稀，广大农民群众整体上法治意识淡薄，食品安全监管不力，使农村食品安全的制度落实不到位的情况广泛存在。因此，“法律明白人”应掌握涉农村食品安全的主要法律制度，做食品安全制度的维护者和践行者，守护好农民群众“舌尖上的安全”。

（一）农村食品安全监管制度

《食品安全法》及其实施条例确立了食品安全监管制度的基本框架。《食品安全法》规定，“县级以上地方人民政府对本行政区域的食品安全监督管理工作负责”，县级以上地方人民政府“确定本级食品安全监督管理、卫生行政部门和其他有关部门的职责。有关部门在各自职责范围内负责本行政区域的食品安全监督管理工作”“县级人民政府食品安全监督管理部门可以在乡镇或者特定区域设立派出机构”。因此，在农村地区负责安全监管的主要主体是县级人民政府食品安全监督管理部门的派出机构，原国家食品药品监管总局还专门下发《关于加强县级食品药品监督管理部门及其派出机构食品安全执法规范化的指导意见》(食药监法〔2016〕124 号)，从完善机构设置、明确机构事权、规范行政许可、依法行政强制、严格行政处罚、受理投诉举报、健全监管台账、全面信息公开、严格执法监督、加强能力建设、定期考核评价 11 个方面对食品药品监督管理部门及其派出机构进行了规范。食品安全监管部门应当严格贯彻实施《食品安全法》《食品安全法实施条例》等法律法规，在落实依法监管责任过程中，针对农村地区的情况，强化乡镇企业主体责任、加强乡镇企业尤其是食品企业自律和诚信、强化监督手段、提高执法能力等，制定和完善适合农村食品安全监管具体制度。目前，食品安全监管制度重点包括责任约谈制度、食品追溯制度、食品安全管理人员随机抽查考核等。

1. 责任约谈制度

《食品安全法》第一百一十四条规定："食品生产经营过程中存在食品安全隐患，未及时采取措施消除的，县级以上人民政府食品安全监督管理部门可以对食品生产经营者的法定代表人或者主要负责人进行责任约谈。食品生产经营者应当立即采取措施，进行整改，消除隐患。责任约谈情况和整改情况应当纳入食品生产经营者食品安全信用档案。"农村地区可以根据实际情况，根据《食品安全法》的规定，制定适合农村地区的责任约谈制度具体形式。参考各地关于食品安全约谈制度的规定，约谈应注意以下几点。

——约谈事由。食品生产经营单位出现下列情形之一的，食品安全监管部门可以约谈该单位法定代表人、主要负责人或相关责任人员。（1）发生食品安全事件（故）的;（2）因存在严重违法违规行为被立案查处、应督促其整改的;（3）生产经营过程中存在重大食品安全隐患且未及时采取措施消除的;（4）产品经监督抽检或风险监测为不合格或结果异常，可能存在重大安全隐患的;（5）群众投诉举报、被媒体曝光、协查案件较多或影响较大的;（6）信用等级评定为不良信用或严重不良信用的;（7）其他法律法规规定或食品安全监管部门认为需要约谈情形的。

——约谈对象。被约谈单位参加约谈的食品安全责任人员可包括下列人员：法定代表人或主要负责人；产品质量负责人或其他相关责任人和工作人员；其他需要约谈的人员。法定代表人或主要负责人因特殊情况无法参加约谈而授权其他人的，应当向食品安全监管部门提出申请，被授权人持法定代表人或主要负责人的授权书按时参加约谈。组织约谈的食品安全监管部门应当安排至少两名监管人员参加约谈，组成约谈小组，并安排专人记录。

——约谈情况反馈。被约谈单位应根据整改要求积极整改，并根据期限将整改落实情况以书面形式报告食品安全监管部门。如食品安全监管部门在监督检查或行政处罚过程中已下达责令整改要求的，可与约谈的整改情况一并反馈。

——约谈效力。责任约谈情况和整改情况应当纳入食品安全信用档案。食品安全监管部门对有不良信用记录的食品生产经营者应当增加监督检查频次，对违法行为情节严重的食品生产经营者，可以通报投资主管部门、证券监督管理机构和有关金融机构。

2. 食品追溯制度

食品生产经营从“农田”到“餐桌”全过程涉及的环节多、链条长，食品安全隐患可能出现在各个环节。为了加强对食品生产经营的全过程控制，实现对食品来源可查、去向可追踪、责任可追究，世界各国普遍建立了食品追溯制度。农村既是食品生产经营的一环，也是最终消费的一环。食品追溯制度的基本要求主要有以下几个方面。

一是进货查验记录要求。《食品安全法》第五十三条第二款规定，食品经营企业应当建立食品进货查验记录制度，如实记录食品的名称、规格、数量、生产日期或者生产批号、保质期、进货日期以及供货者名称、地址、联系方式等内容，并保存相关凭证。记录和凭证保存期限不得少于产品保质期满后 6 个月；没有明确保质期的，保存期限不得少于 2 年。

二是食品储存要求。《食品安全法》第五十四条规定:"食品经营者应当按照保证食品安全的要求贮存食品，定期检查库存食品，及时清理变质或者超过保质期的食品。食品经营者贮存散装食品，应当在贮存位置标明食品的名称、生产日期或者生产批号、保质期、生产者名称及联系方式等内容。"

三是食品安全信息追溯管理。食品安全信息追溯管理可参考2020年12月1日国家市场监督管理总局召开的加强冷链食品追溯管理工作电视电话会议所指出的，全面推进进口冷链食品追溯平台建设，即各省（区、市）市场监管部门要将信息化追溯作为"规定动作"，优化完善省级平台，加快与国家平台的数据对接，指导督促生产经营者对接省级平台，及时准确上传货物来源、去向、数量、位置等关键数据，确保"来源可查、去向可追"。出现异常情况时，能够"一键排查、迅速定位"，为疫情防控争取宝贵时间。重点口岸城市要落实好集中消毒、核酸检测、信息录入等首站防控措施。要强化协同联动，在信息通报、风险交流、排查处置等方面加强跨区域、跨部门合作，更大范围凝聚工作合力，织密冷链"物防"网络。企业也可以从食品安全信息追溯平台打印追溯单，随货同行。涉农村的食品安全信息追溯管理可充分借鉴进口冷链食品追溯管理的方式。

3. 食品安全管理人员抽查考核制度

为督促食品生产经营者落实食品安全主体责任，规范涉农村食品从业人员食品安全知识培训和考核的管理，提升食品安全管理水平，有必要建立对涉农村食品安全管理人员的抽查考核制度。法律层面未对食品安全管理人员抽查考核制度作出具体的制度安排，可从以下几个方面建立涉农村食品安全管理人员抽查考核制度。

一是抽查考核内容。涉农村食品从业人员考核内容应包括但不限于以下内容：国家和涉农村食品安全法律法规和标准、食品安全基本知识、食品安全管理知识、食品安全操作技能、食品安全事故应急处置知识以及其他需要培训和考核的内容。

二是抽查考核方式。食品安全监管部门根据上述内容开展监督抽查考核，监督抽查考核的方式包括集中监督抽查考核以及结合行政许可和监督检查开展的现场监督抽查考核。集中监督抽查考核和现场监督抽查考核均以网络在线考核为主要考核方式。必要时，也可以采取笔试、面试、现场操作等方式进行考核。监督抽查考核试题根据考核方案从考核题库中按照类别随机抽取。

三是监督抽查考核的要求。首先是集中监督抽查考核，食品安全监督管理部门定期随机抽取参加监督抽查考核的涉农村食品生产经营者的负责人、食品安全管理人员以及其他食品从业人员作为监督抽查考核对象，在集中考核场所组织开展监督抽查考核。对于未建立食品安全知识培训管理制度、近一年内存在食品安全违法行为等的食品生产经营者或者未组织从业人员参加网络在线考核的食品生产经营者，增加抽取参加考核人员的比例。食品安全监督管理部门应提前一定时间将考核时间、地点、对象、方式及要求等有关情况告知相关食品生产经营者。其次是现场监督抽查考核，食品安全监管部门结合行政许可和监督检查等工作开展现场监督抽查考核的，执法人员当场抽取在岗的涉农村食品从业人员接受考核，并把现场监督抽查考核进行制度化、一定的量化规定。

四是对监督抽查考核结果公布与不合格处理。食品安全监管部门通过政务网站等途径公布食品生产经营者、食品从业人员参加监督抽查考核的结果，并将其纳入食品安全信用档案；考核不合格的食品从业人员可以申请补考，补考仍不合格的，应调离岗位。集中监督抽查考核时缺考的，应当在一年内参加补考；食品生产经营者的负责人、食品安全管理人员以及其他食品从业人员不参加监督抽查考核，或者在考核中作弊的，应当按照考核不合格计入个人食品安全信用档案。

4. 企业自查制度

在食品生产经营过程中，人为不规范或者机器设备生产过程中故障来源或污染等原因，都可能造成食品安全隐患，及时发现并消除这些风险因素才能将食品安全风险降到最低。除了监管部门的日常监督外，食品生产经营单位对其自身企业的食品安全状况进行定期检查、评价尤为重要。《食品安全法》第四十七条规定了食品生产经营者应当建立食品安全自查制度。食品生产经营者若在自查中发现存在安全问题的，能处理的应当立即采取措施进行处理，若发生安全隐患的，则应立即采取措施加以排除。对于不能当场处理的情况，食品生产经营者应立即采取整改措施。有发生食品安全事故潜在风险的，应当立即停止生产经营，并将信息上报至所在地监管部门。

5. 食品召回制度

为加强食品生产经营的管理，减少和避免不安全食品的危害，《食品安全法》第六十三条和《食品召回管理办法》对食品召回制度作出了相应的规定，即当食品生产者发现其生产的食品不符合食品安全标准或者有证据证明可能危害人体健康的，应当立即停止生产，召回已经上市销售的食品，通知相关生产经营者和消费者，并记录召回和通知情况。此外，食品生产经营者应当将食品召回和处理情况向所在地县级人民政府食品安全监管部门报告；需要对召回的食品进行无害化处理、销毁的，应当提前报告时间、地点。食品安全监管部门认为必要的，可以实施现场监督。食品生产经营者未依照规定召回或者停止经营的，县级以上人民政府食品安全监管部门可以责令其召回或者停止经营。

（二）农村食品安全标准制度

《食品安全法》第三章专门规定了食品安全标准制度，“制定食品安全标准，应当以保障公众身体健康为宗旨，做到科学合理、安全可靠”。《食品安全法》第二十五条专门规定：“食品安全标准是强制执行的标准。除食品安全标准外，不得制定其他食品强制性标准。”正是由于食品安全标准作为强制执行标准具有排他性，因此农村食品安全标准制度也应遵循一般的食品安全标准制度。

1. 食品安全标准的内容

根据《食品安全法》第二十六条的规定，食品安全标准应当包括以下内容：（1）食品、食品添加剂、食品相关产品中的致病性微生物，农药残留、兽药残留、生物毒素、重金属等污染物质以及其他危害人体健康物质的限量规定；（2）食品添加剂的品种、使用范围、用量；（3）专供婴幼儿和其他特定人群的主辅食品的营养成分要求；（4）对与卫生、营养等食品安全要求有关的标签、标志、说明书的要求；（5）食品生产经营过程的卫生要求；（6）与食品安全有关的质量要求；（7）与食品安全有关的食品检验方法与规程；（8）其他需要制定为食品安全标准的内容。

2. 食品安全标准的制定

《食品安全法》第二十七条至第三十条规定了食品安全标准的制定，《食品安全法实施条例》也对食品安全标准的制定进行了相关规定。食品安全标准主要包括国家标准、地方标准和企业标准，其制定和实施如下表所示：

食品安全标准的制定和实施

治理主体	制定部门	实施	条件
食品安全国家标准	一般由国务院卫生行政部门会同国务院食品安全监督管理部门制定、公布。 国务院标准化行政部门提供国家标准编号。	全国范围内施行，地方标准和企业标准不得低于国家标准。	依据食品安全风险评估结果并充分考虑食用农产品安全风险评估结果，参照相关的国际标准和国际食品安全风险评估结果。
食品安全地方标准	省、自治区、直辖市人民政府卫生行政部门可以制定并公布。 报国务院卫生行政部门备案。	国家标准制定后，该地方标准即行废止。	对地方特色食品，没有食品安全国家标准的可制定。
企业标准	企业制定，在本企业适用，并报省、自治区、直辖市人民政府卫生行政部门备案。	不得制定低于食品安全国家标准或者地方标准要求的企业标准。	国家鼓励制定。

3. 食品安全标准的获取

根据相关法律规定，省级以上人民政府卫生行政部门应当在其网站上公布制定和备案的食品安全国家标准、地方标准和企业标准，供公众免费查阅、下载。食品生产企业制定的企业标准应当公开，供公众免费查阅。

（三）农村食品安全责任制度

1. 非法经营行为

（1）刑事责任。《刑法》规定了非法经营罪，在食品安全领域，关于“违反国家规定，扰乱市场秩序”的行为，最高人民法院、最高人民检察院颁布的《关于办理危害食品安全刑事案件适用法律若干问题的解释》第十六条、第十七条规定了具体的情形，并皆以非法经营罪论处：以提供给他人生产、销售食品为目的，违反国家规定，生产、销售国家禁止用于食品生产、销售的非食品原料，情节严重的；违反国家规定，私设生猪屠宰厂（场），从事生猪屠宰、销售等经营活动，情节严重的。

（2）行政责任。根据《食品安全法》第一百二十二条的规定，食品生产经营者实施非法经营行为，需要承担相应的行政责任，具体包括两种行为：一是未取得食品生产经营许可从事食品生产经营活动的；二是未取得食品添加剂生产许可从事食品添加剂生产活动的。由县级以上人民政府食品安全监督管理部门没收违法所得和违法生产经营的食品、食品添加剂以及用于违法生产经营的工具、设备、原料等物品；违法生产经营的食品、食品添加剂货值金额不足 1 万元的，并处 5 万元以上 10 万元以下罚款；货值金额 1 万元以上的，并处货值金额 10 倍以上 20 倍以下罚款。

另外，若行为人明知从事前款规定的违法行为，仍为其提供生产经营场所或者其他条件的，由县级以上人民政府食品安全监督管理部门责令停止违法行为，没收违法所得，并处 5 万元以上 10 万元以下罚款；使消费者的合法权益受到损害的，应当与食品、食品添加剂生产经营者承担连带责任。

2. 生产、销售不符合安全标准食品的行为

（1）刑事责任。《刑法》第一百四十三条规定了生产、销售不符合安全标准的食品罪：“生产、销售不符合食品安全标准的食品，足以造成严重食物中毒事故或者其他严重食源性疾病的，处三年以下有期徒刑或者拘役，并处罚金；对人体健康造成严重危害或者有其他严重情节的，处三年以上七年以下有期徒刑，并处罚金；后果特别严重的，处七年以上有期徒刑或者无期徒刑，并处罚金或者没收财产。”关于“足以造成严重食物中毒事故或者其他严重食源性疾病的”认定，最高人民法院、最高人民检察院颁布的《关于办理危害食品安全刑事案件适用法律若干问题的解释》第一条作出了详细规定：含有严重超出标准限量的致病性微生物、农药残留、兽药残留、生物毒素、重金属等污染物质以及其他严重危害人体健康的物质的；属于病死、死因不明或者检验检疫不合格的畜、禽、兽、水产动物肉类及其制品的；属于国家为防控疾病等特殊需要明令禁止生产、销售的；特殊医学用途配方食品、专供婴幼儿的主辅食品营养成分严重不符合食品安全标准的；其他足以造成严重食物中毒事故或者严重食源性疾病的情形。如果上述5种情形不具有严重性，不构成犯罪的，无需承担刑事责任，但应承担相应的行政责任，具体责任可在《食品安全法》中找到依据。

（2）行政责任。《食品安全法》第一百二十三条还规定了其他生产、销售不符合安全标准食品的行为，包括用非食品原料生产食品、在食品中添加食品添加剂以外的化学物质和其他可能危害人体健康的物质，或者用回收食品作为原料生产食品，或者经营上述食品；生产经营营养成分不符合食品安全标准的专供婴幼儿和其他特定人群的主辅食品；经营病死、毒死或者死因不明的禽、畜、兽、水产动物肉类，或者生产经营其制品；经营未按规定进行检疫或者检疫不合格的肉类，或者生产经营未经检验或者检验不合格的肉类制品；生产经营国家为防病等特殊需要明令禁止生产经营的食品；生产经营添加药品的食品。有上述情形，尚不构成犯罪的，由县级以上人民政府食品安全监督管理部门没收违法所得和违法生产经营的食品，并可以没收用于违法生产经营的工具、设备、原料等物品；违法生产经营的食品货值金额不足1万元的，并处10万元以上15万元以下罚款；货值金额1万元以上的，并处货值金额15倍以上30倍以下罚款；情节严重的，吊销许可证，并可以由公安机关对其直接负责的主管人员和其他直接责任人员处5日以上15日以下拘留。

此外，若明知他人从事上述规定的违法行为，仍为其提供生产经营场所或者其他条件的，由县级以上人民政府食品安全监督管理部门责令停止违法行为，没收违法所得，并处10万元以上20万元以下罚款；使消费者的合法权益受到损害的，应当与食品生产经营者承担连带责任。

根据《食品安全法》第一百二十四条的规定，有下列情形之一，尚不构成犯罪的，由县级以上人民政府食品安全监督管理部门没收违法所得和违法生产经营的食品、食品添加剂，并可以没收用于违法生产经营的工具、设备、原料等物品；违法生产经营的食品、食品添加剂货值金额不足1万元的，并处5万元以上10万元以下罚款；货值金额1万元以上的，并处货值金额10倍以上20倍以下罚款；情节严重的，吊销许可证：生产经营致病性微生物，农药残留、兽药残留、生物毒素、重金属等污染物质以及其他危害人体健康的物质含量超过食品安全标准限量的食品、食品添加剂；用超过保质期的食品原料、食品添加剂生产食品、食品添加剂，或者经营上述食品、食品添加剂；生产经营超范围、超限量使用食品添加剂的食品；生产经营腐败变质、油脂酸败、霉变生虫、污秽不洁、混有异物、掺假掺杂或者感官性状异常的食品、食品添加剂；生产经营标注虚假生产日期、保质期或者超过保质期的食品、食品添加剂；生产经营未按规定注册的保健食品、特殊医学用途配方食品、婴幼儿配方乳粉，或者未按注册的产品配方、生产工艺等技术要求组织生产；以分装方式生产婴幼儿配方乳粉，或者同一企业以同一配方生产不同品牌的婴幼儿配方乳粉；利用新的食品原料生产食品，或者生产食品添加剂新品种，未通过安全性评估；食品生产经营者在食品安全监督管理部门责令其召回或者停止经营后，仍拒不召回或者停止经营。

3.虚假广告行为

（1）刑事责任。《刑法》第二百二十二条关于虚假广告罪规定：“广告主、广告经营者、广告发布者违反国家规定，利用广告对商品或者服务作虚假宣传，情节严重的，处二年以下有期徒刑或者拘役，并处或者单处罚金。”

（2）行政责任。《食品安全法》第一百四十条规定，“在广告中对食品作虚假宣传，欺骗消费者，或者发布未取得批准文件、广告内容与批准文件不一致的保健食品广告的，依照《中华人民共和国广告法》的规定给予处罚”。受罚的还包括两个连带责任主体：一是广告经营者、发布者设计、制作、发布虚假食品广告，使消费者的合法权益受到损害的，应当与食品生产经营者承担连带责任；二是社会团体或者其他组织、个人在虚假广告或者其他虚假宣传中向消费者推荐食品，使消费者的合法权益受到损害的，应当与食品生产经营者承担连带责任。

违反《食品安全法》规定，食品安全监督管理等部门、食品检验机构、食品行业协会以广告或者其他形式向消费者推荐食品，消费者组织以收取费用或者其他牟取利益的方式向消费者推荐食品的，由有关主管部门没收违法所得，依法对直接负责的主管人员和其他直接责任人员给予记大过、降级或者撤职处分；情节严重的，给予开除处分。对食品作虚假宣传且情节严重的，由省级以上人民政府食品安全监督管理部门决定暂停销售该食品，并向社会公布；仍然销售该食品的，由县级以上人民政府食品安全监督管理部门没收违法所得和违法销售的食品，并处2万元以上5万元以下罚款。

二、加强农村食品安全监管

根据农村食品安全的现状及特点，在遵循农村食品安全制度基础上，进一步提升农村食品安全的治理水平，可重点做好以下几方面工作。

第一，构建联动监管网络，探索多元共管模式。以创建国家食品安全示范城市为抓手，建立责任共担、要事共商、资源共享的县、镇、村三级食品安全监管网络，依托村组消费维权投诉站、农村食品安全协管员、信息员等群众队伍，探索一条“职能部门+镇村联动”的多元共管模式，实现食品安全监管“全覆盖、无死角”目标。

第二，进一步以农村家宴服务中心为突破口，严防风险隐患环节。小作坊、小餐饮、小摊点一直是农村食品安全监管的难点，而卫生设施条件差又是“三小”的最大短板。因此，政府应制定引导和鼓励措施，加快硬件设施改造，改善生产经营环境，多角度、多举措改变“三小”脏乱差状况。同时，将城乡接合部、旅游景区、农贸市场、聚餐点、农家宴、学校食堂等列入重点监管范围，及时发现消除食品安全隐患，严防食物中毒事件发生。推行“互联网+明厨亮灶”工程，加强餐饮单位后端跟踪监管。可将“互联网+明厨亮灶”延伸到农村中小学校，幼儿机构食堂和餐饮单位，在乡镇固定聚餐场所安装摄像头，利用移动执法终端适时查看食品安全情况，着力打造“智慧监管”新模式，确保群众“舌尖上的安全”。

第三，建立长效机制，强化宣教和社会共治。结合《食品安全法》的宣传普及，将食品安全知识宣传教育纳入乡村振兴战略项目，利用村镇集场、农村家宴服务中心、庙会及宣传栏、横幅、安全讲座等，宣传食品安全相关知识，发放食品餐饮手册，提高食品生产经营者内生动力和质量安全意识。同时，积极实施农村食品安全信用体系建设，构建守信激励、失信惩戒机制，推动行业规范自律和诚信体系建设，发挥食品安全信用体系对乡村振兴战略的保障作用。

典型案例

案情简介

2022 年 1 月 8 日，市场监管局执法人员在某乡村商店进行检查时，发现当事人游某经营的榨菜、辣酱等预包装食品外包装无任何标签。该局对当事人给予罚款 2000 元、没收无标签的预包装食品的行政处罚。

案例评析

《食品安全法》第六十七条规定，“预包装食品的包装上应当有标签”，第一百二十五条规定，生产经营无标签的预包装食品的，由县级以上人民政府食品安全监督管理部门没收违法所得和违法生产经营的食品、食品添加剂，并可以没收用于违法生产经营的工具、设备、原料等物品；违法生产经营的食品、食品添加剂货值金额不足 1 万元的，并处

5000 元以上 5 万元以下罚款；货值金额 1 万元以上的，并处货值金额 5 倍以上 10 倍以下罚款；情节严重的，责令停产停业，直至吊销许可证。本案中，游某经营的预包装食品没有标签，违反了上述规定，应当依法受处罚。

三、农村消费者权益保护的主要法律制度

保护农村消费者权益是全面推进乡村振兴的重要内容。目前，我国农村消费者权益保护工作还存在很多不足，《消费者权益保护法》相关的规定在广大农村地区还落实不到位。作为乡村“法律明白人”，首要的是掌握事关消费者权益保护的主要制度，对于农村消费者而言，应当掌握的主要制度是消费者法定权利制度、经营者义务制度和法律责任制度。

（一）消费者法定权利制度

《消费者权益保护法》第二章系统地规定了消费者应享有的 9 大权利，构成了消费者法定权利制度。

（1）安全权。安全权指消费者在购买、使用商品和接受服务时享有人身、财产安全不受损害的权利。安全权包括人身安全权和财产安全权两项内容，这是消费者最重要的权利。消费者可以依靠此种权利，要求经营者在提供商品和服务时，必须同时满足保障人身、财产安全的要求。

（2）知情权。知情权即知悉真情权，是指消费者享有知悉其购买、使用的商品或者接受的服务的真实情况的权利。依据此种权利，消费者可以根据商品或服务的不同情况，要求经营者提供商品的价格、产

地、生产者、用途、性能、规格、等级、主要成分、生产日期、有效期限、检验合格证明、使用方法说明书、售后服务，或者服务的内容、规格、费用等内容。

（3）选择权。选择权也称为自主选择权，是指消费者享有自主选择商品或者接受服务的权利，即消费者有权自主选择提供商品或者服务的经营者，自主选择商品品种或者服务方式，自主决定购买或者不购买任何一种商品、接受或者不接受任何一项服务。消费者在自主选择商品或者服务时，有权进行比较、鉴别和挑选。

（4）公平交易权。公平交易权是指消费者在购买商品或者接受服务时，享有获得质量保障、价格合理、计量正确等公平交易条件的权利。凭借该项权利，消费者可以拒绝经营者的强制交易行为。公平交易权的功能在于确保消费者的经济利益不受损害，在公平合理的交易条件下支付对价，满足主体需求。

（5）求偿权。求偿权是指消费者因购买、使用商品或接受服务受到人身、财产损害时所享有的依法获得赔偿的权利。如果经营者提供的商品或服务不符合国家有关质量标准，不能实现应有的使用价值，或者计价、计量不符合法定要求，侵害消费者权益时，消费者有权要求予以消除或者采取适当的补救措施；消费者的人身、财产受到损害的，有权要求经营者给予合理赔偿，并在交涉不成时向司法部门寻求救济。

（6）结社权。结社权是指消费者享有的依法成立维护自身合法权益的社会组织的权利。该项权利的功能在于使消费者通过集体的力量改变自己的弱者地位，以便与实力雄厚的经营者相抗衡，维护自身的合法权益。

（7）受教育权。受教育权也称求教获知权，是指消费者所享有的获得有关消费和消费者权益保护方面知识的权利。主要内容包括：消费者有权获取消费者权益及其保护的基本教育；消费者有权获得消费者权益的法治普及教育；消费者有权获得日常的消费知识和有关咨询。

（8）尊严保障权。尊严保障权是指消费者在购买、使用商品和接受服务时所享有的人格尊严、民族风俗习惯得到尊重，不受侵犯的权利，享有个人信息依法得到保护的权利。法律规定经营者不得对消费者进行侮辱、诽谤，不得搜查消费者的身体及其携带的物品，不得侵犯消费者的人身自由。

（9）监督权。监督权是指消费者所享有的对商品和服务以及保护消费者权益工作进行监督的权利。消费者的监督权包括以下 3 方面内容：消费者有权检举、控告侵害消费者权益的行为；消费者有权检举、控告国家机关及其工作人员在保护消费者权益工作中的违法失职行为；消费者有权对保护消费者权益工作提出批评和建议。

（二）经营者法定义务制度

与消费者相对，经营者是指以营利为目的，向消费者提供其生产、销售的商品或提供服务的公民、法人或其他社会经济组织。经营者在向消费者提供商品或服务时，应当遵守有关的法定义务，包括以下 10 个方面的义务。

（1）依法律规定或约定履行义务。经营者向消费者提供商品或者服务，应当依照《消费者权益保护法》和其他有关法律、法规的规定履行义务。经营者和消费者有约定的，应当按照约定履行义务，但双方的约定不得违背法律、法规的规定。经营者向消费者提供商品或者服务，应当恪守社会公德，诚信经营，保障消费者的合法权益；不得设定不公平、不合理的交易条件，不得强制交易。

（2）听取意见和接受监督的义务。经营者应当听取消费者对其提供的商品或者服务的意见，接受消费者的监督。该项义务与消费者的监督权相对，监督权的真正实现，有赖于经营者主动听取消费者的意见，接受消费者的监督。因此，经营者听取意见和接受监督的义务是实现消费者监督权的保障。

（3）保障人身和财产安全的义务。经营者应当保证其提供的商品或者服务符合保障人身、财产安全的要求。对可能危及人身、财产安全的商品和服务，应当向消费者作出真实的说明和明确的警示，并说明和标明正确使用商品或者接受服务的方法以及防止危害发生的方法。宾馆、商场、餐馆、银行、机场、车站、港口、影剧院等经营场所的经营者，应当对消费者尽到安全保障义务。经营者发现其提供的商品或者服务存在缺陷，有危及人身、财产安全危险的，应当立即向有关行政部门报告和告知消费者，并采取防止危害发生的措施。采取召回措施的，经营者应当承担消费者因商品被召回支出的必要费用。

（4）提供真实信息，不做虚假宣传的义务。经营者向消费者提供有关商品或者服务的质量、性能、用途、有效期限等信息，应当真实、全面，不得作虚假或者引人误解的宣传。经营者对消费者就其提供的商品或者服务的质量和使用方法等问题提出的询问，应当作出真实、明确的答复。经营者提供商品或者服务应当明码标价。

（5）标明真实名称和标记的义务。经营者应当标明其真实名称和标记。租赁他人柜台或者场地的经营者，应当标明其真实名称和标记。

（6）出具购货凭证和服务单据的义务。经营者提供商品或者服务，应当按照国家有关规定或者商业惯例向消费者出具发票等购货凭证或者服务单据；消费者索要发票等购货凭证或者服务单据的，经营者必须出具。该项义务既有利于税务机关进行税务监督和检查，防止经营者偷税、逃税，也有利于解决消费者与经营者之间的消费争议。

（7）质量担保义务。经营者应当保证在正常使用商品或者接受服务的情况下其提供的商品或者服务应当具有的质量、性能、用途和有效期限；但消费者在购买该商品或者接受该服务前已经知道其存在瑕疵，且存在该瑕疵不违反法律强制性规定的除外。经营者以广告、产品说明、实物样品或者其他方式表明商品或者服务的质量状况的，应当保证其提供的商品或者服务的实际质量与表明的质量状况相符。经营者提供的机动车、计算机、电视机、电冰箱、空调器、洗衣机等耐用商品或者装饰装修等服务，消费者自接受商品或者服务之日起 6 个月内发现瑕疵，发生争议的，由经营者承担有关瑕疵的举证责任。

（8）履行“三包”或其他责任的义务。经营者提供的商品或者服务不符合质量要求的，消费者可以依照国家规定、当事人约定退货，或者要求经营者履行更换、修理等义务。没有国家规定和当事人约定的，消费者可以自收到商品之日起 7 日内退货；7 日后符合法定解除合同条件的，消费者可以及时退货，不符合法定解除合同条件的，可以要求经营者履行更换、修理等义务。依照上述规定进行退货、更换、修理的，经营者应当承担运输等必要费用。经营者采用网络、电视、电话、邮购等方式销售商品，消费者有权自收到商品之日起 7 日内退货，且无需说明理由，但下列商品除外：消费者定作的；鲜活易腐的；在线下载或者消费者拆封的音像制品、计算机软件等数字化商品；交付的报纸、期刊。除上述所列商品外，其他根据商品性质并经消费者在购买时确认不宜退货的商品，不适用无理由退货。消费者退货的商品应当完好。经营者应当自收到退回商品之日起 7 日内返还消费者支付的商品价款。退回商品的运费由消费者承担；经营者和消费者另有约定的，按照约定。

（9）不得从事不公平、不合理交易的义务。经营者在经营活动中使用格式条款的，应当以显著方式提请消费者注意商品或者服务的数量和质量、价款或者费用、履行期限和方式、安全注意事项和风险警示、售后服务、民事责任等与消费者有重大利害关系的内容，并按照消费者的要求予以说明。经营者不得以格式条款、通知、声明、店堂告示等方式作出排除或者限制消费者权利、减轻或者免除经营者责任、加重消费者责任等对消费者不公平、不合理的规定，不得利用格式条款并借助技术手段强制交易。如果格式条款、通知、声明、店堂告示等含有上述内容的，其内容无效。

（10）不得侵犯消费者人身权和不得侵害消费者个人信息依法得到保护的义务。消费者享有人格尊严、人身自由不受侵犯的权利。这是消费者最基本的人权。经营者不得对消费者进行侮辱、诽谤，不得搜查消费者的身体及其携带的物品，不得侵犯消费者的人身自由。采用网络、电视、电话、邮购等方式提供商品或者服务的经营者，以及提供证券、保险、银行等金融服务的经营者，应当向消费者提供经营地址、联系方式、商品或者服务的数量和质量、价款或者费用、履行期限和方式、安全注意事项和风险警示、售后服务、民事责任等信息。经营者收集、使用消费者个人信息，应当遵循合法、正当、必要的原则，明示收集、使用信息的目的、方式和范围，并经消费者同意。经营者收集、使用消费者个人信息，应当公开其收集、使用规则，不得违反法律、法规的规定和双方的约定收集、使用信息。经营者及其工作人员对收集的消费者个人信息必须严格保密，不得泄露、出售或者非法向他人提供。经营者应当采取技术措施和其他必要措施，确保信息安全，防止消费者个人信息泄露、丢失。在发生或者可能发生信息泄露、丢失的情况时，应当立即采取补救措施。经营者未经消费者同意或者请求，或者消费者明确表示拒绝的，不得向其发送商业性信息。

（三）法律责任制度

法律责任制度主要是规定经营者在具备特定的侵犯消费者权益的情形时，应当承担的民事责任、行政责任或刑事责任。

1. 民事责任

经营者提供商品或者服务有下列情形之一的，除《消费者权益保护法》另有规定外，应当依照其他有关法律、法规的规定，承担民事责任：（1）商品存在缺陷的；（2）不具备商品应当具备的使用性能而出售时未作说明的；（3）不符合在商品或者其包装上注明采用的商品标准的；（4）不符合商品说明、实物样品等方式表明的质量状况的；（5）生产国家明令淘汰的商品或者销售失效、变质的商品的；（6）销售的商品数量不足的；（7）服务的内容和费用违反约定的；（8）对消费者提出的修理、重作、更换、退货、补足商品数量、退还货款和服务费用或者赔偿损失的要求，故意拖延或者无理拒绝的；（9）法律、法规规定的其他损害消费者权益的情形。另外，经营者对消费者未尽到安全保障义务，造成消费者损害的，应当承担侵权责任。

民事责任的承担方式包括：损害赔偿、停止侵害、恢复名誉、消除影响、赔礼道歉、三包（包修、包换、包退）、补足商品数量、退还货款和服务费以及加倍赔偿等。《消费者权益保护法》第五十五条第一款规定：“经营者提供商品或者服务有欺诈行为的，应当按照消费者的要求增加赔偿其受到的损失，增加赔偿的金额为消费者购买商品的价款或者接受服务的费用的三倍；增加赔偿的金额不足五百元的，为五百元。法律另有规定的，依照其规定。”

2. 行政责任

经营者有下列情形之一，除承担相应的民事责任外，其他有关法律、法规对处罚机关和处罚方式有规定的，依照法律、法规的规定执行；法律、法规未作规定的，由工商行政管理部门或其他有关行政部门责令改正，可以根据情节单处或者并处警告、没收违法所得 1 倍以上 10 倍以下的罚款，没有违法所得的，处以 50 万元以下的罚款；情节严重的，责令停业整顿、吊销营业执照：（1）提供的商品或者服务不符合保障人身、财产安全要求的；（2）在商品中掺杂、掺假，以假充真，以次充好，或者以不合格商品冒充合格商品的；（3）生产国家明令淘汰的商品或者销售失效、变质的商品的；（4）伪造商品的产地，伪造或者冒用他人的厂名、厂址，篡改生产日期，伪造或者冒用认证标志等质量标志的；（5）销售的商品应当检验、检疫而未检验、检疫或者伪造检验、检疫结果的；（6）对商品或者服务作虚假或者引人误解的宣传的；（7）拒绝或者拖延有关行政部门责令对缺陷商品或者服务采取停止销售、警示、召回、无害化处理、销毁、停止生产或者服务等措施的；（8）对消费者提出的修理、重作、更换、退货、补足商品数量、退还货款和服务费用或者赔偿损失的要求，故意拖延或者无理拒绝的；（9）侵害消费者人格尊严、侵犯消费者人身自由或者侵害消费者个人信息依法得到保护的权利的；（10）法律、法规规定的对损害消费者权益应当予以处罚的其他情形。经营者有上述规定情形的，除依照法律、法规规定予以处罚外，处罚机关应当记入信用档案，向社会公布。

3. 刑事责任

根据《刑法》以及相关法律的规定，侵犯消费者权益应当承担刑事责任主要包括以下情形：(1) 经营者提供商品或者服务，造成消费者或者其他受害人死亡的，应当支付丧葬费、死亡赔偿金以及由死者生前扶养的人所必需的生活费等费用；构成犯罪的，依法追究刑事责任；(2) 以暴力、威胁等方法阻碍有关行政部门工作人员依法执行职务的，依法追究刑事责任；拒绝、阻碍有关行政部门工作人员依法执行职务，未使用暴力、威胁方法的，由公安机关依照《治安管理处罚法》的规定处罚；(3) 国家机关工作人员玩忽职守或者包庇经营者侵害消费者合法权益的行为的，由其所在单位或者上级机关给予行政处分；情节严重，构成犯罪的，依法追究刑事责任。

四、加强农村消费者权益保护

(一) 强化宣传工作引导教育农民形成消费教育机制

想要真正地保护消费者权益，不能只依靠行政权力和经营者，更需要依靠消费者自身，消费者本人拥有了良好的知识水平和消费维权意识，才能够真正地维护自身利益。但是现阶段的农村消费者还没有形成较强的消费维权意识，加上各级政府忽略了宣传教育工作的重要性，因此导致农村消费者权益保护工作的开展受到阻碍。由此可知，农村消费教育问题有待加强，加强农村消费者权益保护，必须提高农民的自身维权意识。各级政府要提高对创新宣传活动的重视，建立起灵活多样的消费教育机制，通过法律法规的宣传，让消费者了解国家的法律法规，并且能利用消费者权益法律法规保护自己的合法权益。

（二）借助群众力量构建维权队伍和良好的维权渠道

维权渠道是保证维权工作稳定开展的基础，除了可以建立网络维权平台之外，还可以依靠农民群众，构建形成以"法律明白人"为核心的农村维权队伍，由政府组织引导培训综合素质较强的农民，形成一个相对稳定的维权队伍，并且对维权队伍进行全面的培训。这样的维权队伍更了解农村消费者的诉求，沟通会更加顺畅，能够从侧面促进政府监督管理功能得到全面的发挥。

（三）建立健全监督检查机制，加大处罚力度

国家行政执法部门要避免重复监管，强化监管人员的责任意识，以此提高经营者的意识，从源头保证农村消费者权益，保证监督管理工作得到全面的加强。

（四）联合多方力量构建完善合理的权益保护机制

建立健全完善的农村消费者维权机制，完善消费者权益保护机构的功能，全面落实消费维权工作。在构建消费者维权体系的过程中，联合基层政府、消费者权益保护机构、志愿者队伍等多方力量，从法律、执法、权益等方面落实保护工作，形成良好的农村消费者权益保护机制，让维权工作涉及的每个部门都成为农村消费维权体系的一部分。

第八章

涉未成年人保护和农村常见犯罪预防相关法

加强未成年人权益保护，完善未成年人权益被侵害预防及干预机制，是全面推进乡村振兴的重要内容和重要组成部分，对于促进社会主义新农村建设具有积极的意义。在农村地区，在危害人身安全类犯罪方面，主要以故意杀人、故意伤害、交通肇事等犯罪为主；在危害财产安全类犯罪方面，主要以盗窃、非法集资、非法吸收公众存款、电信网络诈骗等犯罪为主。加大农村普法宣传教育，让农民群众知法、懂法、守法，能有效地预防相关犯罪的发生，营造良好的法治乡村环境。

一、《未成年人保护法》

《未成年人保护法》是我国第一部全面的、综合的专门保护未成年人权利的基本法律。这部法律第一次把家庭、学校、社会对未成年人的保护进行了系统的、科学的法律规范，不仅体现了我国已批准加入的联合国《儿童权利公约》的原则，而且该法所调整的是社会各方面同未成年人健康成长的关系。为了更好地保护未成年人合法权益，2020 年 10 月 17 日，十三届全国人大常委会第二十二次会议通过未成年人保护法修订案，新修订的《未成年人保护法》自 2021 年 6 月 1 日起正式施行。新法内容由 7 章扩展为 9 章，新增了“网络保护”“政府保护”这两章，条文由 72 条增加到 130 条，在未成年人的安全教育和保护、勤俭节约意识培养、网络保护等方面，作出了更加具体明确的规定，进一步压实了监护人、学校、网络服务提供者的主体责任。此次修订主要包括以下内容。

（一）发展完善了家庭监护制度

1. 确立“留守儿童”委托照护制度

《未成年人保护法》第二十二条第一款规定:“未成年人的父母或者其他监护人因外出务工等原因在一定期限内不能完全履行监护职责的，应当委托具有照护能力的完全民事行为能力人代为照护；无正当理由的，不得委托他人代为照护。”第二十三条和第二十四条同时规定，监护人不能将未成年人“一托了之”，确定被委托人时要“听取有表达意愿能力未成年人的意见”，未成年人的父母或其他监护人要与未成年人、被委托人至少每周联系和交流一次，了解未成年人的生活、学习、心理等情况，并给予未成年人亲情关爱。

2. 强调父母或其他监护人对儿童安全的保障义务

新修订的《未成年人保护法》不仅在第二十一条明确规定不得使未满 8 周岁或者由于身体、心理原因需要特别照顾的未成年人处于无人看护状态，更是专门规定了父母或其他监护人在保障儿童安全方面的具体义务。第十八条规定:“未成年人的父母或其他监护人应当为未成年人提供安全的家庭生活环境，及时排除引发触电、烫伤、跌落等伤害的安全隐患；采取配备儿童安全座椅、教育未成年人遵守交通规则等措施，防止未成年人受到交通事故的伤害；提高户外安全保护意识，避免未成年人发生溺水、动物伤害等事故。”

（二）创新发展了强制报告制度

强制报告制度有助于及早发现未成年人遭受侵害的案件，有助于预防案件发生或者避免严重后果。在总则部分，新修订的《未成年人保护法》就明确规定：“国家机关、居民委员会、村民委员会、密切接触未成年人的单位及其工作人员，在工作中发现未成年人身心健康受到侵害、疑似受到侵害或者面临其他危险情形的，应当立即向公安、民政、教育等有关部门报告。”

需要特别说明的是，除了总则当中明确的负有报告义务的三类主体以外，修订后的《未成年人保护法》还具体规定了其他主体的一些报告义务。（1）在“家庭保护”一章，规定了父母或其他监护人发现未成年人身心健康受到侵害、疑似受到侵害或者其他合法权益受到侵犯的，应当及时了解情况并采取保护措施；情况严重的，应当立即向公安、民政、教育等部门报告。（2）在“学校保护”一章，规定了对严重欺凌行为和性侵害、性骚扰未成年人等违法犯罪行为，学校应当及时向公安机关、教育行政部门报告，并配合相关部门依法处理。（3）在“网络保护”一章，规定了互联网企业发现用户发布、传播含有危害未成年人身心健康内容信息的，应当立即停止传输相关信息，采取删除、屏蔽、断开链接等处置措施，保存有关记录，并向网信、公安等部门报告。发现用户利用其网络服务对未成年人实施违法犯罪行为的，应当立即停止向该用户提供网络服务，保存有关记录，并向公安机关报告。尤其是规定互联网企业的强制报告义务，在当前互联网快速发展的背景下具有特别重大的意义。

（三）创新发展了侵害人身权益违法犯罪人员信息查询制度

在学校以及教育培训机构等与未成年人密切接触的单位发生的侵害未成年人权益案件更为隐蔽、更难发现，很多这类案件进入公众视野往往都是因为偶发因素或者情节极其恶劣、后果特别严重。例如，个别不正规的校外培训机构发生了一些性侵未成年人的案件，因为涉及未成年人隐私，不会向社会公开。但如果不以适当的方式公开相关信息，又无法防止类似的事情再次发生。

为了从根本上预防和减少这类“身边大人”的伤害，新修订的《未成年人保护法》在“政府保护”一章第九十八条明确规定：“国家建立性侵害、虐待、拐卖、暴力伤害等违法犯罪人员信息查询系统，向密切接触未成年人的单位提供免费查询服务。”与本条相对应，新修订的《未成年人保护法》在“社会保护”一章第六十二条具体规定了“密切接触未成年人的单位”录用查询以及每年定期查询两项具体制度。该条规定，“密切接触未成年人的单位招聘工作人员时，应当向公安机关、人民检察院查询应聘者是否具有性侵害、虐待、拐卖、暴力伤害等违法犯罪记录；发现其具有前述行为记录的，不得录用。密切接触未成年人的单位应当每年定期对工作人员是否具有上述违法犯罪记录进行查询。通过查询或者其他方式发现其工作人员具有上述行为的，应当及时解聘。”此外，新修订的《未成年人保护法》在“法律责任”部分明确规定了违反上述义务要承担相应的法律责任。

（四）明确预防和处置校园欺凌的基本制度

近年来，校园欺凌事件引起社会高度关注。新修订的《未成年人保护法》首次对学生欺凌进行了定义，并在“学校保护”一章明确规定了学校对学生欺凌及校园性侵的防控与处置机制。具体规定了以下

8 项内容:(1)学校应当建立学生欺凌防控工作制度;(2)学校要对教职员工、学生等开展防治学生欺凌的教育和培训;(3)学校发现学生欺凌行为后应当立即制止;(4)学校应当通知欺凌者和被欺凌者双方的父母或者其他监护人参与学生欺凌行为的认定和处理;(5)学校应当对欺凌者和被欺凌者甚至严重案件的旁观者及时给予心理辅导、教育和引导;(6)学校应当对相关未成年学生的父母或者其他监护人给予必要的家庭教育指导;(7)对实施欺凌的未成年学生,学校应当根据欺凌行为的性质和程度,依法加强管教;(8)对严重的欺凌行为,学校不得隐瞒,应当及时向公安机关、教育行政部门报告,并配合相关部门依法处理。尽管上述规定还显得简单笼统,但教育行政部门以及中小学校如果能够认真落实上述相关规定,必将对更好预防和处置校园欺凌问题产生积极影响。

（五）建立和完善预防、处置性侵案件相关制度

为了预防和减少发生在学校的性侵未成年人案件,新修订的《未成年人保护法》进行了相应的规定。

(1)在“学校保护”一章增加了一条,明确规定:“学校、幼儿园应当建立预防性侵害、性骚扰未成年人工作制度。对性侵害、性骚扰未成年人等违法犯罪行为,学校、幼儿园不得隐瞒,应当及时向公安机关、教育行政部门报告并配合相关部门依法处理。学校、幼儿园应当对未成年人开展适合其年龄的性教育,提高未成年人防范性侵害、性骚扰的自我保护意识和能力。对遭受性侵害、性骚扰的未成年人,学校、幼儿园应当及时采取相关的保护措施。”

(2)在“社会保护”一章禁止对未成年人实施性侵害内容后专门增加规定禁止“性骚扰”,在禁止制作、复制、发布、传播有关未成年

人的淫秽色情物品和网络信息基础上，特别增加禁止“持有”。

（3）在“司法保护”一章专门为处理此类案件增加了两条。一是为了避免“二次伤害”，增加规定同步录音录像制度，明确规定司法机关办理未成年人遭受性侵害或者暴力伤害案件，在询问未成年被害人、证人时，应当采取同步录音录像等措施，尽量一次完成；未成年被害人、证人是女性的，应当由女性工作人员进行。二是强化了对被害人的特别关爱和帮助。孩子受到性侵害或者其他暴力伤害后，往往要忍受来自家人、邻居、同学等身边人的歧视，还要承受各种压力。他们基本难以获得有效民事赔偿。缺乏专业法律、社工、心理背景的人员对其提供帮助。为此，新修订的《未成年人保护法》特别规定：“公安机关、人民检察院、人民法院应当与其他有关政府部门、人民团体、社会组织互相配合，对遭受性侵害或者暴力伤害的未成年被害人及其家庭实施必要的心理干预、经济救助、法律援助、转学安置等保护措施。”

（六）进一步发展和完善了国家监护制度

新修订的《未成年人保护法》与《民法典》进行有效衔接，结合多年司法实践，发展和完善了具有我国特色的以家庭监护为基础、国家监护为兜底的监护制度。其中，在“家庭保护”一章具体规定了父母或者其他监护人应当履行的监护职责；在“社会保护”部分规定了居民委员会、村民委员会的监护监督职责；在“司法保护”和“法律责任”部分则规定，司法机关有权要求家长接受家庭教育并依法作出人身安全保护令、撤销监护人资格等内容，未成年人的父母或者其他监护人应当接受训诫以及家庭教育指导。

此外，“政府保护”一章关于国家监护制度的 7 条内容都是新增加的，其中具体规定了两项监护服务的内容：第八十二条明确规定，“各级人民政府应当将家庭教育指导服务”纳入城乡公共服务体系。第九十一条规定，各级人民政府及其有关部门对困境未成年人实施分类保障，采取措施满足其生活、教育、安全、医疗康复、住房等方面的基本需要，这条规定与国务院关于困境儿童保障的政策相衔接，对政府为各类困境儿童提供特殊关爱保护提供了明确要求。新修订的《未成年人保护法》在第九十二条至第九十六条明确了国家要承担临时监护职责以及进行长期监护的情形以及具体承担方式，具体规定需要国家承担临时监护的 7 种情形以及需要进行长期监护的 5 种情形，有助于民政部门在实际工作中落实。

（七）创新发展了未成年人网络保护制度

网络对未成年人的影响越来越大，网络保护已成为我国未成年人保护领域中一个绕不开的话题。新修订的《未成年人保护法》增设“网络保护”一章，回应了当前网络保护中的热点问题。

针对“未成年人沉迷网络”等问题，新修订的《未成年人保护法》第七十条规定，学校对未成年人使用网络负有教育和引导职责。第七十四条第一款和第二款规定：“网络产品和服务提供者不得向未成年人提供诱导其沉迷的产品和服务。网络游戏、网络直播、网络音视频、网络社交等网络服务提供者应当针对未成年人使用其服务设置相应的时间管理、权限管理、消费管理等功能。”第七十五条前三款规定：“国家建立统一的未成年人网络游戏电子身份认证系统。网络游戏服务提供者应当要求未成年人以真实身份信息注册并登录网络游戏。网络游戏服务提供者应当按照国家有关规定和标准，对游戏产品进行分类，作出适龄提示，并采取技术措施，不得让未成年人接触不适宜的游戏或者游戏功能。”

针对“未成年人能否进行网络直播”这一争议问题，新修订的《未成年人保护法》第七十六条规定：“网络直播服务提供者不得为未满十六周岁的未成年人提供网络直播发布者账号注册服务；为年满十六周岁的未成年人提供网络直播发布者账号注册服务时，应当对其身份信息进行认证，并征得其父母或者其他监护人同意。”

针对“网络欺凌”问题，新修订的《未成年人保护法》第七十七条第二款规定：“遭受网络欺凌的未成年人及其父母或者其他监护人有权通知网络服务提供者采取删除、屏蔽、断开链接等措施。网络服务提供者接到通知后，应当及时采取必要的措施制止网络欺凌行为，防止信息扩散。”

二、《预防未成年人犯罪法》

为了保障未成年人身心健康，培养未成年人良好品行，有效预防未成年人违法犯罪，2020 年 12 月 26 日，十三届全国人大常委会第二十四次会议修订通过了《预防未成年人犯罪法》，自 2021 年 6 月 1 日起施行。新修订的《预防未成年人犯罪法》相较于旧法而言，每一个条文都有不同程度的改动。其中，新增条文 33 条，约占新法总条文数的 48.5%；删除旧条文 24 条，约占旧法总条文数的 35%。去除删除的旧条文，在保留的另外 33 条中，有 28 条进行了实质性的修改，5 条进行了文字性的修改。

新修订的《预防未成年人犯罪法》明确了预防未成年人违法犯罪的原则和机制，原则主要包括教育和保护相结合，预防为主、提前干预，分级预防、干预和矫治；机制主要包括政府组织下综合治理，专门学校、专门教育指导委员会等专门教育措施发挥独特作用，公检法司等机关和群团组织、社会组织等社会力量充分发挥作用。主要包括以下内容。

（一）明确界定不良行为和严重不良行为

新修订的《预防未成年人犯罪法》界定了不良行为即“未成年人实施的不利于其健康成长”的行为，相比旧法以“严重违背社会公德”来定义不良行为，更加彰显以未成年人为本位的逻辑。同时，将吸烟、饮酒、沉迷网络、与社会上具有不良习性的人交往和组织或者参加实施不良行为的团伙等更加细节化、生活化的行为均纳入其中，以求防微杜渐。旧法将严重不良行为定义为“严重危害社会尚不够刑事处罚的行为”，新修订的《预防未成年人犯罪法》在此基础上明确严重不良行为包含“未成年人实施的有刑法规定、因不满法定刑事责任年龄不予刑事处罚的行为，以及严重危害社会的行为”。将不满法定刑事责任年龄的低龄未成年人犯罪归于其中，既回应了《刑法修正案（十一）》对于我国刑事责任年龄制度作出的重要调整，也使得未成年人罪错分级更加细化。

（二）对特定的有严重不良行为的未成年人实施专门教育

新修订的《预防未成年人犯罪法》将专门学校建设和专门教育纳入其中，并规定对有严重不良行为的未成年人进行专门教育，要求省级人民政府将专门教育发展和专门学校建设纳入经济社会发展规划，且县级以上地方人民政府应当成立专门教育指导委员会并根据需要设置专门学校。对于专门学校与专门教育，新修订的《预防未成年人犯罪法》明确专门学校是对有严重不良行为的未成年人进行专门教育的场所，并规定了未成年人转入专门学校及转回普通学校的决定机关和程序，同时要求省级人民政府应当结合本地的实际情况至少确定一所专门学校按照分校区、分班级等方式设置专门场所；而专门教育是对有严重不良行为的未成年人进行教育和矫治的重要保护处分措施，新修订的《预防未成年人犯罪法》规定专门学校应对接受专门教育的未成年人分级分类展开教育和矫治，有针对性地进行义务教育、道德教育、法治教育、心理健康教育及职业教育等。

（三）明确家庭、教育行政部门、学校以及社会的相关职责

对家庭、教育行政部门、学校以及社会的相关职责规定，具体表现在以下 3 个方面：第一，明确父母或其他监护人在预防未成年人犯罪教育中的直接责任，督促他们切实依法履行监护职责，且对其提出更高要求，如应当树立优良家风、发现未成年人心理或行为异常时应当及时了解和干预等。第二，强化教育行政部门及学校的义务与担当，在第十七条至第二十三条对以上两个责任主体作出许多新规定，包括应当将预防犯罪教育纳入学校教学计划，聘请法治副校长、校外法治辅导员，重视学生心理健康教育、建立心理健康筛查和早期干预机制，建立学校欺凌防控制度，鼓励聘请驻校社会工作者，通过各种活动促进家校合作，将预防犯罪教育的工作效果纳入学校年度考核内容等。第三，将各级政府及其相关部门和更多群团组织纳入预防未成年人犯罪教育体系，同时赋予居民委员会、村民委员会协助公安机关维护学校周围治安、及时了解掌握本辖区内未成年人基本情况的任务和使命，以期更好地吸收社区社会组织的力量加入预防未成年人犯罪的工作中。

（四）强化相关责任主体的法律责任

相较于旧法，新修订的《预防未成年人犯罪法》在法律责任规定上更加严格。对于实施严重不良行为的未成年人的父母或其他监护人

不能依法履行监护职责的，应当予以训诫，并可责令其接受家庭教育指导。相比原先只是责令其改正，更具有约束力，有利于激发监护人的责任意识。对于承担责任的主体，新修订的《预防未成年人犯罪法》将国家机关及其工作人员也纳入其中，对于在预防未成年人犯罪工作中滥用职权、玩忽职守、徇私舞弊的相关人员依法给予处分，表明了国家对于预防未成年人犯罪工作的高度重视。

典型案例

案情简介

被告人小明与被害人小林是某小学同班同学。小明经过接触发现小林特别老实且零花钱比较多，小明便经常向小林索要钱财。当小林没有满足其要求时，小明便邀约被告人小军、小兵一起对被害人小林使用暴力，使其产生心理恐惧。被告人小明等3人对小林长期的暴力或者威胁后获取被害人财物的行为，导致被害人小林产生厌学情绪。经医院诊断，小林患有重度抑郁症，现无法正常上学。承办检察官在仔细分析每个孩子的家庭情况、学习状况、平时表现后，与每位家长开展了谈话，并从孩子的成长、家长的责任、法律的规定等方面有针对性地制作了不同内容的“督促监护令”，要求监护人严格履行职责。

案例评析

涉案学生之所以参与欺凌，被害人之所以长期被欺凌，重要原因之一是其家长未切实履行监护义务，存在长期监护缺失或者监护不力的情况。针对不同家庭在教育和监护未成年人过程中存在的问题，发出个性化“督促监护令”，对督促失职监护人切实履行监护职责很有好处。监护人应该与孩子多沟通、多交流，多教育引导，倾注更多精力，为孩子营造良好的家庭环境，切实履行好监护义务。

三、危害人身安全类犯罪

（一）故意杀人罪

故意杀人罪，是指故意非法剥夺他人生命的行为。生命是行使其他一切权利的基础和前提，任何公民的生命都受法律保护。《刑法》第二百三十二条规定：“故意杀人的，处死刑、无期徒刑或者十年以上有期徒刑；情节较轻的，处三年以上十年以下有期徒刑。”

1. 构成要件

（1）客体要件。本罪侵犯的客体是他人的生命权。生命权是公民最重要的人身权利，根据我国的司法实践，胎儿脱离母体，能够独立呼吸，就有了生命，具有生命的权利，任何人也不能非法剥夺。（2）客观要件。首先，必须有剥夺他人生命的行为，作为、不作为均可构成。以不作为行为实施的杀人罪，只有那些对防止他人死亡结果发生负有特定义务的人才能构成。杀人可以借助一定的凶器，也可以是徒手杀人，但是如果使用放火、爆炸、投毒等危险方法杀害他人，危及不特定多数人的生命、健康或重大公私财产安全的，应以危害公共安全罪论处。其次，剥夺他人生命的行为必须是非法的，即违反了国家的法律。执行死刑、正当防卫均不构成故意杀人罪。经受害人同意而剥夺其生命的行为，也构成故意杀人罪。对所谓的“安乐死”，仍应以故意杀人罪论处，当然，量刑时可适用从轻或减轻的规定。最后，直接故意杀人罪的既遂和间接故意杀人罪以被害人死亡为要件，但是，只有查明行为人的危害行为与被害人死亡的结果之间具有因果关系，才能断定行为人负罪责。（3）主体要件。本罪的主体是一般主体。已满14周岁不满18周岁的人犯本罪，应当从轻或者减轻处罚。（4）主观要件。本罪在主观上须有非法剥夺他人生命的故意，包括直接故意和间接故意。即明知自己的行为会发生他人死亡的危害后果，并且希望或者放任这种结果的发生。故意杀人的动机是多种多样和错综复杂的，农村地区该类犯罪往往由于经济纠纷、家事纠纷引发的报复、气愤、义愤动机等。动机可以反映杀人者主观恶性的不同程度，对正确量刑有重要意义。

2. 量刑标准

（1）犯本罪的，处死刑、无期徒刑或者10年以上有期徒刑。属于情节严重的，应当判处死刑或者无期徒刑。如出于图财、奸淫、对正义行为进行报复、毁灭罪证、嫁祸他人、暴力干涉婚姻自由等卑劣动机而杀人；利用烈火焚烧、长期冻饿等极端残酷的手段杀人；杀害特定对象如与之朝夕相处的亲人等，造成社会影响恶劣的杀人；等等。（2）犯本罪，情节较轻的，处3年以上10年以下有期徒刑。根据司法实践，主要包括：防卫过当的故意杀人；义愤杀人，即被害人恶贯满盈，其行为已达到让人难以忍受的程度而其私自处死；激情杀人，即本无任何杀人故意，但在被害人的刺激、挑逗下而失去理智，失控而将他人杀死；受嘱托杀人，即基于被害人的请求、自愿而帮助其自杀；帮助他人自杀的杀人；生母溺婴，即出于无力抚养、顾及脸面等不太恶劣的主观动机而将亲生婴儿杀死。

（二）故意伤害罪

故意伤害罪，是指行为人故意非法损害他人身体健康的行为。《刑法》第二百三十四条规定："故意伤害他人身体的，处三年以下有期徒刑、拘役或者管制。犯前款罪，致人重伤的，处三年以上十年以下有期徒刑；致人死亡或者以特别残忍手段致人重伤造成严重残疾的，处十年以上有期徒刑、无期徒刑或者死刑。本法另有规定的，依照规定。"

1. 构成要件

（1）客体要件。本罪侵犯的客体是他人的身体权，所谓身体权是指自然人以保持其肢体、器官和其他组织的完整性为内容的人格权。（2）客观要件。本罪在客观方面表现为实施了非法损害他人身体的行为。第一，要有损害他人身体的行为。第二，损害他人身体的行为必须是非法进行的。第三，损害他人身体的行为必须已造成了他人人身一定程度的损害，才能构成本罪。（3）主体要件。本罪的主体为一般主体。凡达到刑事责任年龄并具备刑事责任能力的自然人均能构成本罪，其中，已满14周岁未满16周岁的自然人有故意伤害致人重伤或死亡行为的，应当负刑事责任。（4）主观要件。本罪在主观方面表现为故意，即行为人明知自己的行为会造成损害他人身体健康的结果，而希望或放任这种结果的发生。

2. 量刑标准

构成故意伤害罪的，可以根据下列不同情形在相应的幅度内确定量刑起点：（1）故意伤害致一人轻伤的，可以在2年以下有期徒刑、拘役幅度内确定量刑起点；（2）故意伤害致1人重伤的，可以在3年至5年有期徒刑幅度内确定量刑起点；（3）以特别残忍手段故意伤害致1人重伤，造成六级严重残疾的，可以在10年至13年有期徒刑幅度内确定量刑起点。依法应当判处无期徒刑以上刑罚的除外。在量刑起点的基础上，可根据伤害后果、伤残等级、手段残忍程度等其他影响犯罪构成的犯罪事实增加刑罚量，确定基准刑。故意伤害致人轻伤的，伤残程度可在确定量刑起点时考虑，或者作为调节基准刑的量刑情节。

典型案例

案情简介

甲某雇请挖掘机在其家的养猪场平整土地，乙某及其丈夫丙某称山地是他们家的，阻止挖掘机施工，双方为此发生争吵。乙某叫丙某将甲某家猪舍上的瓦捅下来，丙某便拿着竹竿捅猪舍上的瓦片，甲某就从地上拿起锄头去打丙某，丙某用手里的竹竿还击。甲某用锄头朝丙某的头部、肩部打去，将丙某打倒在地后，还用锄头朝丙某的身体上打了两下，随后被人劝开。经鉴定，丙某的损伤程度为轻伤二级。案发当天下午，甲某主动投案。另查明，丙某受伤后当日被送往医院治疗，治疗期间花费医疗费、护理费以及误工费等各项费用共计人民币 4 万余元。

法院经审理认为，被告人甲某故意伤害他人身体，致人轻伤，其行为已构成故意伤害罪，应予依法惩处。被告人甲某主动投案，并如实供述自己的犯罪事实，系自首；其自愿认罪认罚，依法可从轻处罚。法院最终作出判决：被告人甲某犯故意伤害罪，判处有期徒刑 6 个月，并赔偿附带民事诉讼原告人经济损失 4 万余元。

案例评析

本案是因邻里纠纷引发的故意伤害案件。综合考虑其犯罪事实、情节等因素，依法作出判决：丙某对案件的起因存在过错，可酌情从轻处罚被告人；被告人甲某的犯罪行为给丙某造成的物质损失依法应予赔偿。生活中，化解矛盾纠纷的方式有很多，但是以极端方式去伤害对方是最不可取的。冲动之下矛盾纠纷不但不会化解，而且可能引发更大的积怨，严重的还要承担刑事责任。

（三）交通肇事罪

交通肇事罪是指违反交通运输管理法规，因而发生重大事故，致人重伤、死亡或者造成重大公私财产损失的行为。《刑法》第一百三十三条规定："违反交通运输管理法规，因而发生重大事故，致人重伤、死亡或者使公私财产遭受重大损失的，处三年以下有期徒刑或者拘役；交通运输肇事后逃逸或者有其他特别恶劣情节的，处三年以上七年以下有期徒刑；因逃逸致人死亡的，处七年以上有期徒刑。"

1. 构成要件

（1）客体要件。本罪侵犯的客体，是交通运输的安全。交通运输，是指与一定的交通工具与交通设备相联系的铁路、公路、水上及空中交通运输。这类交通运输的特点是与广大人民群众的生命、财产安全紧密相连，一旦发生事故，就会危害到不特定多数人的生命、财产安全。（2）客观要件。本罪客观方面表现为在交通运输活动中违反交通运输管理法规，因而发生重大事故，致人重伤、死亡或者使公私财产遭受重大损失的行为。第一，必须有违反交通运输管理法规的行为。第二，必须发生重大事故，致人重伤、死亡或者使公私财产遭受重大损失的严重后果。第三，严重后果必须由违章行为引起，二者之间存在因果关系。第四，违反规章制度，致人重伤、死亡或者使公私财产遭受重大损失的行为，从空间上说，必须发生在铁路、公路、城镇道路和空中航道上；从时间上说，必须发生在正在进行的交通运输活动中。（3）主体要件。本罪的主体为一般主体。凡年满16周岁、具有刑事责任能力的自然人均可构成。（4）主观要件。本罪主观方面表现为过失，包括疏忽大意的过失和过于自信的过失。这种过失是指行为人对自己的违章行为可能造成的严重后果的心理态度而言的。

2. 量刑标准

根据《最高人民法院关于审理交通肇事刑事案件具体应用法律若干问题的解释》的规定，交通肇事具有下列情形之一的，处3年以下有期徒刑或者拘役：（1）死亡1人或者重伤3人以上，负事故全部或者主要责任的；（2）死亡3人以上，负事故同等责任的；（3）造成公共财产或者他人财产直接损失，负事故全部或者主要责任，无能力赔偿数额在30万元以上的。

交通肇事致1人以上重伤，负事故全部或者主要责任，并具有下列情形之一的，以交通肇事罪定罪处罚：（1）酒后、吸食毒品后驾驶机动车辆的；（2）无驾驶资格驾驶机动车辆的；（3）明知是安全装置不全或者安全机件失灵的机动车辆而驾驶的；（4）明知是无牌证或者已报废的机动车辆而驾驶的；（5）严重超载驾驶的；（6）为逃避法律追究逃离事故现场的。

交通肇事具有下列情形之一的，属于“有其他特别恶劣情节”，处3年以上7年以下有期徒刑：（1）死亡2人以上或者重伤5人以上，负事故全部或者主要责任的；（2）死亡6人以上，负事故同等责任的；（3）造成公共财产或者他人财产直接损失，负事故全部或者主要责任，无能力赔偿数额在60万元以上的。

“因逃逸致人死亡”，是指行为人在交通肇事后为逃避法律追究而逃跑，致使被害人因得不到救助而死亡的情形。交通肇事后，单位主管人员、机动车辆所有人、承包人或者乘车人指使肇事人逃逸，致使被害人因得不到救助而死亡的，以交通肇事罪的共犯论处。行为人在交通肇事后为逃避法律追究，将被害人带离事故现场后隐藏或者遗弃，致使被害人无法得到救助而死亡或者严重残疾的，应当分别依照《刑法》第二百三十二条、第二百三十四条第二款的规定，以故意杀人罪或者故意伤害罪定罪处罚。

单位主管人员、机动车辆所有人或者机动车辆承包人指使、强令他人违章驾驶造成重大交通事故，具有本解释第二条规定情形之一的，以交通肇事罪定罪处罚。

四、危害财产安全类犯罪

（一）盗窃罪

盗窃罪，是指以非法占有为目的，秘密窃取公私财物，数额较大或者多次窃取的行为。《刑法》第二百六十四条规定：“盗窃公私财物，数额较大的，或者多次盗窃、入户盗窃、携带凶器盗窃、扒窃的，处三年以下有期徒刑、拘役或者管制，并处或者单处罚金；数额巨大或者有其他严重情节的，处三年以上十年以下有期徒刑，并处罚金；数额特别巨大或者有其他特别严重情节的，处十年以上有期徒刑或者无期徒刑，并处罚金或者没收财产。”

1. 构成要件

（1）客体要件。本罪侵犯的客体是公私财产的所有权。犯罪对象是国家、集体、公民个人所有的财物。（2）客观要件。本罪在客观方面表现为行为人具有窃取数额较大、多次窃取、入户盗窃、携带凶器盗窃、扒窃公私财物的行为。（3）主体要件。本罪主体是一般主体，凡达到刑事责任年龄（16 周岁）且具备刑事责任能力的人均能构成。（4）主观要件。本罪在主观方面表现为直接故意，且具有非法占有的目的。

2. 量刑标准

关于盗窃罪，《刑法》规定的量刑标准有 3 个，分别是盗窃数额较大、盗窃数额巨大、盗窃数额特别巨大。每一个盗窃数额标准都对应着不同的量刑标准。所以，要确定盗窃罪的刑事被告人最终会被处以何种刑罚，就需要确定刑事被告人的盗窃数额到底是属于数额较大、数额巨大或者是数额特别巨大。

《最高人民法院、最高人民检察院关于办理盗窃刑事案件适用法律若干问题的解释》第一条第一款、第二款规定：“盗窃公私财物价值一千元至三千元以上、三万元至十万元以上、三十万元至五十万元以上的，应当分别认定为刑法第二百六十四条规定的‘数额较大’‘数额巨大’‘数额特别巨大’。各省、自治区、直辖市高级人民法院、人民检察院可以根据本地区经济发展状况，并考虑社会治安状况，在前款规定的数额幅度内，确定本地区执行的具体数额标准，报最高人民法院、最高人民检察院批准。”

典型案例

案情简介

犯罪嫌疑人周某利用风水学说，吓唬受害人王某，扬言王某家的风水不好，只有自己可以改善风水、化灾解害。周某让王某拿出家里全部的现金画符作法，利用偷天换日的手法，在画符作法时把现金调包。周某离开时警告王某画符要放三天才能打开，如果时间不到贸然打开，王某家里一定有血光之灾。王某发现上当受骗后，周某成功实施盗窃犯罪并逃之夭夭。

案例评析

犯罪嫌疑人往往利用收头发、收旧物等为职业掩护，走乡串户，专门物色距离公路不远、单家独户的老人实施犯罪活动。通过与当事人交流套话，得知家里的部分情况后，利用自己会看风水为诱饵，抓住受害人的心理，诱使受害人拿出家中的现金现场作法，实施调包盗窃。当受害人事后发觉时，犯罪嫌疑人早已溜之大吉。此类案件带给我们的教训就是子女不在家的老人，要特别注意一些上门打听事情的陌生人。不要轻信陌生人编造的故事，不要轻易拿出自己的血汗钱示人，有现金要及时存进当地信用社，这样才能尽可能减少自己财物受损失的可能性。

（二）非法吸收公众存款罪

非法吸收公众存款罪是指违反国家金融管理法规实施非法吸收公众存款或变相吸收公众存款，扰乱金融秩序，从而构成犯罪。《刑法》第一百七十六条第一款和第二款规定："非法吸收公众存款或者变相吸收公众存款，扰乱金融秩序的，处三年以下有期徒刑或者拘役，并处或者单处罚金；数额巨大或者有其他严重情节的，处三年以上十年以下有期徒刑，并处罚金；数额特别巨大或者有其他特别严重情节的，处十年以上有期徒刑，并处罚金。单位犯前款罪的，对单位判处罚金，并对其直接负责的主管人员和其他直接责任人员，依照前款的规定处罚。”

1. 构成要件

（1）客体要件。本罪侵犯的客体是国家的金融管理秩序。非法吸收公众存款或者变相吸收公众存款的行为，一般都是通过采取提高利率的方式或手段，将大量的资金集中到自己手中，从而造成大量社会闲散资金失控，破坏了利率的统一，影响币值的稳定，严重扰乱国家金融秩序。（2）客观要件。本罪在犯罪的客观方面，行为人实施了非法向公众吸收存款或者变相吸收存款的行为。（3）主体要件。非法吸收公众存款罪的主体可以是自然人，也可以是单位。（4）主观要件。行为人在主观上具有非法吸收公众存款或者变相吸收公众存款的故意。

2. 量刑标准

《最高人民法院、最高人民检察院关于常见犯罪的量刑指导意见（试行）》对非法吸收公众存款罪作出了规定:（1）构成非法吸收公众存款罪的，根据下列不同情形在相应的幅度内确定量刑起点：犯罪情节一般的，在 1 年以下有期徒刑、拘役幅度内确定量刑起点；达到数额巨大起点或者有其他严重情节的，在 3 年至 4 年有期徒刑幅度内确定量刑起点；达到数额特别巨大起点或者有其他特别严重情节的，在 10 年至 12 年有期徒刑幅度内确定量刑起点。（2）在量刑起点的基础上，根据非法吸收存款数额等其他影响犯罪构成的犯罪事实增加刑罚量，确定基准刑。（3）对于在提起公诉前积极退赃退赔，减少损害结果发生的，可以减少基准刑的 40% 以下；犯罪较轻的，可以减少基准刑的 40% 以上或者依法免除处罚。（4）构成非法吸收公众存款罪的，根据非法吸收公众存款数额、存款人人数、给存款人造成的直接经济损失数额等犯罪情节，综合考虑被告人缴纳罚金的能力，决定罚金数额。（5）构成非法吸收公众存款罪的，综合考虑非法吸收存款数额、存款人人数、给存款人造成直接经济损失数额、清退资金数额等犯罪事实、量刑情节，以及被告人主观恶性、人身危险性、认罪悔罪表现等因素，决定缓刑的适用。

（三）集资诈骗罪

集资诈骗罪是指以非法占有为目的，使用诈骗方法非法集资，数额较大的行为。《刑法》第一百九十二条规定："以非法占有为目的，使用诈骗方法非法集资，数额较大的，处三年以上七年以下有期徒刑，并处罚金；数额巨大或者有其他严重情节的，处七年以上有期徒刑或者无期徒刑，并处罚金或者没收财产。单位犯前款罪的，对单位判处罚金，并对其直接负责的主管人员和其他直接责任人员，依照前款的规定处罚。"

1. 构成要件

（1）客体要件。本罪的犯罪客体是国家的金融管理秩序和公私财产的所有权。（2）客观要件。本罪在犯罪客观方面表现为使用虚构事实或者隐瞒真相诈骗的方法非法集资，数额较大的行为。（3）主体要件。本罪的犯罪主体为一般主体，既可以是自然人，也可以是单位。（4）主观要件。本罪在犯罪主观方面是直接故意，并且具有非法占有集资款的目的。间接故意和过失不可能构成犯罪。

2. 量刑标准

《最高人民法院 最高人民检察院关于常见犯罪的量刑指导意见（试行）》对集资诈骗罪作出了规定：（1）构成集资诈骗罪的，根据下列不同情形在相应的幅度内确定量刑起点：达到数额较大起点的，在3年至 4 年有期徒刑幅度内确定量刑起点；达到数额巨大起点或者有其他严重情节的，在 7 年至 9 年有期徒刑幅度内确定量刑起点。依法应当判处无期徒刑的除外。（2）在量刑起点的基础上，根据集资诈骗数额等其他影响犯罪构成的犯罪事实增加刑罚量，确定基准刑。（3）构成集资诈骗罪的，根据犯罪数额、危害后果等犯罪情节，综合考虑被告人缴纳罚金的能力，决定罚金数额。（4）构成集资诈骗罪的，综合考虑犯罪数额、诈骗对象、危害后果、退赃退赔等犯罪事实、量刑情节，以及被告人的主观恶性、人身危险性、认罪悔罪表现等因素，决定缓刑的适用。

典型案例

案情简介

村民李某 20 年前就开始做购销粮食生意，后来修建仓库，扩大生意。2016 年以后，李某未经有关部门批准，违反国家金融管理法律规定，以收购粮食需要资金为由，向周边村民公开吸收存款，承诺月息 1 分、给集资参与人出具收据，吸收 40 多名村民存款 420 多万元。

由于竞争激烈以及通风保管不当，粮食霉变，李某损失 200 多万元。2019 年初，李某生意彻底失败，资金链断裂。李某虽明知无法偿还借款，却隐瞒真实情况，以借款用于生意的名义，骗取 3 名村民共计 12 万余元，后逃到外地躲避。村民报案后，李某主动到公安机关接受调查。经法院审理，依法判决被告人李某有期徒刑 7 年 8 个月，并处罚金 30 万元。

案例评析

被告人非法吸收公众存款，扰乱金融秩序，数额巨大；多次诈骗他人财物，数额巨大，其行为分别构成非法吸收公众存款罪、诈骗罪。此案综合量刑，法院依法作出一审判决：被告人李某犯非法吸收公众存款罪、诈骗罪，判处有期徒刑7年8个月，并处罚金30万元，非法所得由公安机关继续追缴，返还被害人。这警示我们，这些非法集资、非法吸收公众存款的人，大多是身边认识的人，他们以高于银行的利息进行欺骗和犯罪。我们一定要提高警惕，不要贪图高利，以免最终损失钱财甚至倾家荡产。

（四）电信、网络诈骗犯罪

电信诈骗是指通过电话、网络和短信方式，编造虚假信息，设置骗局，对受害人实施远程、非接触式诈骗，诱使受害人打款或转账的犯罪行为。犯罪分子通常以冒充他人及仿冒、伪造各种合法外衣和形式的方式达到欺骗的目的，如冒充公检法、商家公司厂家、国家机关工作人员、银行工作人员等各类机构工作人员，伪造和冒充招工、刷单、贷款、手机定位和招嫖等形式进行诈骗。网络诈骗罪，是以非法占有为目的，利用互联网采用虚拟事实或者隐瞒事实真相的方法，骗取数额较大的公私财物的行为。《刑法》第二百六十六条规定："诈骗公私财物，数额较大的，处三年以下有期徒刑、拘役或者管制，并处或者单处罚金；数额巨大或者有其他严重情节的，处三年以上十年以下有期徒刑，并处罚金；数额特别巨大或者有其他特别严重情节的，处十年以上有期徒刑或者无期徒刑，并处罚金或者没收财产。本法另有规定的，依照规定。”

1. 量刑标准

根据《最高人民法院、最高人民检察院关于办理诈骗刑事案件具体应用法律若干问题的解释》第一条的规定，利用电信网络技术手段实施诈骗，“诈骗公私财物价值三千元至一万元以上、三万元至十万元以上、五十万元以上的”，应当分别认定为《刑法》第二百六十六条规定的“数额较大”“数额巨大”“数额特别巨大”。两年内多次实施电信网络诈骗未经处理，诈骗数额累计计算构成犯罪的，应当依法定罪处罚。

实施电信网络诈骗犯罪，达到相应数额标准，具有下列情形之一的，酌情从重处罚：（1）造成被害人或其近亲属自杀、死亡或者精神失常等严重后果的；（2）冒充司法机关等国家机关工作人员实施诈骗的；（3）组织、指挥电信网络诈骗犯罪团伙的；（4）在境外实施电信网络诈骗的；（5）曾因电信网络诈骗犯罪受过刑事处罚或者2年内曾因电信网络诈骗受过行政处罚的；（6）诈骗残疾人、老年人、未成年人、在校学生、丧失劳动能力人的财物，或者诈骗重病患者及其亲属财物的；（7）诈骗救灾、抢险、防汛、优抚、扶贫、移民、救济、医疗等款物的；（8）以赈灾、募捐等社会公益、慈善名义实施诈骗的；（9）利用电话追呼系统等技术手段严重干扰公安机关等部门工作的；（10）利用“钓鱼网站”链接、“木马”程序链接、网络渗透等隐蔽技术手段实施诈骗的。

2. 农村常见犯罪情形及预防

（1）网络贷款诈骗。办理贷款一定要通过正规金融机构或官方应用市场下载的App办理，在放款之前，任何以缴纳各类手续费、保证金为由索取费用的，都可能是诈骗。（2）刷单诈骗。任何形式的刷单行为都是违法的，不要相信“无抵押”“低成本”“在家轻松赚零花钱”之类的话术。（3）虚假购物诈骗。网购时一定要选择知名度、信誉度高、有安全保障的网购平台，对异常低价商品要保持高度警惕，谨慎购买。（4）虚假木马链接诈骗。以 ETC 故障、银行卡透支、预约新冠疫苗、抢票、“抢红包”等各种理由发送链接或二维码，诱导点击扫描，很可能会植入病毒，盗取个人信息或钱财。遇到陌生链接，一定不要轻易点击，要通过正规渠道核实信息真实性。（5）冒充熟人诈骗。领导、老师、同学、亲友在聊天软件内以“缴纳学费”“补课”“借钱”等各种理由索要钱款的，一定要通过电话、视频或当面核实真假，不要因为怕麻烦、抹不开面子、着急而轻易转账。

第九章

涉农政策

“三农”问题事关国计民生，党中央、国务院历来高度重视农业、农村和农民工作。自2004年开始，中央一号文件连续19年聚焦农村、农业和农民问题，凸显出“三农”工作在中国举足轻重的地位。2022年中央一号文件是21世纪以来第19个指导“三农”工作的文件。2021年12月25日至26日召开的中央农村工作会议指出，要全面学习、系统贯彻习近平总书记关于“三农”工作重要论述，切实理解精神实质，把握核心要义，紧密结合具体实际学懂弄通做实。要始终遵循党的农村工作基本经验，加强“三农”领域作风建设，奋力开创全面推进乡村振兴工作新局面。

乡村振兴战略是2017年习近平总书记在党的十九大报告中提出的战略。中共中央、国务院连续发布中央一号文件，对新发展阶段优先发展农业农村、全面推进乡村振兴作出总体部署，为做好当前和今后一个时期的“三农”工作指明了方向。乡村振兴战略从中国的基本国情出发，沿着先脱贫后振兴的基本思路，作出了科学合理的工作部署，目标明确、方法得当。

围绕全面脱贫，2015 年 11 月 23 日，中共中央政治局审议通过《关于打赢脱贫攻坚战的决定》。11 月 27 日至 28 日，中央扶贫开发工作会议在北京召开，习近平总书记在讲话中强调，消除贫困、改善民生、逐步实现共同富裕，是社会主义的本质要求，是我们党的重要使命。11 月 29 日，《中共中央　国务院关于打赢脱贫攻坚战的决定》发布。2019 年 3 月 5 日，李克强总理在政府工作报告中提出，打好精准脱贫攻坚战。10 月，国家脱贫攻坚普查领导小组成立。2020 年，我们实现了全面脱贫的伟大胜利。但是脱贫并不代表结束，如何继续巩固拓展脱贫成果、全面推进乡村振兴是需要持续关注的内容。

围绕乡村振兴，早在脱贫攻坚时期，党和国家就高瞻远瞩地进行了战略布局。在 2017 年提出乡村振兴战略，并在 2020 年脱贫攻坚战取得全面胜利之时，仍然保持“脱贫摘帽不是终点，而是新生活、新奋斗的起点。把防止返贫放在重要位置、作为底线任务来抓，持续巩固拓展脱贫攻坚成果，推动同乡村振兴战略有效衔接，扎实促进共同富裕，确保‘脱贫群众生活更上一层楼’”的清醒认识。2018 年 3 月 5 日，李克强总理在政府工作报告中讲道，大力实施乡村振兴战略。2018 年 9 月，中共中央、国务院印发了《乡村振兴战略规划（2018—2022 年）》，并发出通知，要求各地区各部门结合实际认真贯彻落实。2021 年 2 月 21 日，《中共中央　国务院关于全面推进乡村振兴加快农业农村现代化的意见》印发。2 月 25 日，国务院直属机构国家乡村振兴局正式挂牌。2021 年 3 月，中共中央、国务院发布了《关于实现巩固拓展脱贫攻坚成果同乡村振兴有效衔接的意见》，提出重点工作。2021 年 4 月 29 日，十三届全国人大常委会第二十八次会议表决通过《乡村振兴促进法》，这标志着中央部署制定的涉农政策、涉农战略通过时间和实践的检验转化为国家法律，“三农”建设和发展经过经验积累和实践检验，从政策调整走向法治规范，“三农”工作有了规范依据和实施准则。脱贫攻坚取得全面胜利后，要全面推进乡村振兴，这是“三农”工作重心的历史性转移，对法治建设的需求也比以往更加迫切，更加需要有效发挥法治对于农业农村高质量发展的支撑作用、对农村改革的引领作用、对乡村治理的保障作用、对政府职能转变的促进作用，为新发展阶段农业农村改革发展提供坚实法治保障。2021 年 5 月 18 日，司法部印发了《“乡村振兴　法治同行”活动方案》，重申法治工作对于乡村振兴的重大作用，强调乡村振兴，法治先行、法治同行、法治保障，始终要求法治与乡村振兴战略保持密切配合，按照全面依法治国的总体要求，保证乡村振兴战略始终运行在法治轨道上。从 2022 年中央一号文件可以看出，党的涉农政策仍然牢牢围绕保障国家粮食安全和不发生规模性返贫为两条底线进行安全部署，坚持稳字当头、稳中求进，坚决守住“两条底线”，筑牢乡村振兴底盘。在此基础上，有序推进农业产业发展、农村社会进步、农民全面富裕。

正确学习和运用涉农法律法规，就要认真领会党的涉农政策精神，在涉农工作实践中践行党的涉农政策。法律规范体系、法治实施体系、法治监督体系、法治保障体系以及党内法规体系之间相辅相成、相得益彰，共同构成中国特色社会主义法治体系。党的政策和国家法律是一个在本质上相互一致、功能上相互补充的关系。党的十九届四中全会指出，通过党的各项路线、方针和政策转化为国家法律法规来对国家和社会生活实行政治领导。这给予我们如下启示：一是党的政策是国家法律法规的来源之一，对于党的政策的正确理解，有助于我们更好地认识和运用法律。二是国家法律贯彻和践行了党的政策的原则、精神，在法律法规的适用过程中，应注意与党的政策保持一致，善于用党的政策的原则、精神来指导法律的适用，避免法律适用的偏差、错误。

一、加强法治乡村建设

《中共中央　国务院关于实施乡村振兴战略的意见》和《乡村振兴战略规划（2018—2022年）》明确提出建设法治乡村重大任务，中央全面依法治国委员会印发的《关于加强法治乡村建设的意见》在此基础上明确了法治乡村建设的总体要求和主要任务。为满足法治建设总体要求，认真执行法治乡村建设的主要任务，以《乡村振兴促进法》为代表的总结了近年来我国“三农”工作的法治实践的基础性、综合性法律发布实施，司法部发起的“乡村振兴　法治同行”活动相继开展。“实施以我为主、立足国内、确保产能、适度进口、科技支撑的粮食安全战略；实行永久基本农田保护制度；加强农业种质资源保护利用和种质资源库建设；加强对历史文化名镇名村、传统村落和乡村风貌、少数民族特色村寨的保护；建立健全农业支持保护体系和实施乡村振兴战略财政投入保障制度；分类有序推进村庄建设，严格规范村庄撤并，严禁违背农民意愿、违反法定程序撤并村庄；建立乡村振兴考核评价制度、工作年度报告制度和监督检查制度”等党对法治乡村建设提出的要求和任务通过政策向法律的转化，成为《乡村振兴促进法》的重要规定，涉农工作由此有法可依，“三农”工作由此有了法治遵循。

（一）党的涉农政策与《乡村振兴促进法》

实施乡村振兴战略，是新时代做好“三农”工作的总抓手。制定《乡村振兴促进法》，是贯彻落实党中央决策部署，保障乡村振兴战略全面实施的重要举措；是立足新发展阶段，推动实现“两个一百年”奋斗目标的重要支撑；是充分总结“三农”法治实践，完善和发展中国特色“三农”法律体系的重要成果。

制定出台《乡村振兴促进法》，为全面实施乡村振兴战略提供了有力法治保障，对促进农业全面升级、农村全面进步、农民全面发展，全面建设社会主义现代化国家，实现中华民族伟大复兴的中国梦，具有重要意义。坚持走中国特色社会主义乡村振兴道路，是《乡村振兴促进法》的首要特色及其亮点。《乡村振兴促进法》将坚持中国共产党的领导，贯彻创新、协调、绿色、开放、共享的新发展理念，走中国特色社会主义乡村振兴道路，促进共同富裕作为全面实施乡村振兴战略的指导思想，将坚持农业农村优先发展，坚持农民主体地位，坚持人与自然和谐共生，坚持改革创新，坚持因地制宜、规划先行、循序渐进作为全面实施乡村振兴战略遵循的原则。

《乡村振兴促进法》意在实现乡村全面振兴，提出统筹推进农村经济建设、政治建设、文化建设、社会建设、生态文明建设和党的建设，整体部署促进乡村产业振兴、人才振兴、文化振兴、生态振兴、组织振兴的制度举措。提出坚持农业农村优先发展。按照干部配备优先考虑、要素配置优先满足、资金投入优先保障、公共服务优先安排的要求，建立健全实施乡村振兴战略的组织保障、资金投入、政策支持等制度政策体系。作为“三农”领域一部固根本、稳预期、利长远的基础性、综合性法律，《乡村振兴促进法》是党的涉农政策的重要成果，体现出党中央对“三农”工作的高度重视。

坚持农民主体地位是《乡村振兴促进法》的又一特色及其亮点。《乡村振兴促进法》强调将坚持农民主体地位、充分尊重农民意愿、保障农民民主权利和其他合法权益摆在突出位置、贯穿法律始终，真正使农民成为乡村振兴的参与者、支持者和受益者。坚持城乡融合发展。顺应农业农村发展要求和城乡关系变化趋势，协同推进乡村振兴战略和新型城镇化战略的实施，推动城乡要素有序流动、平等交换和公共资源均衡配置，坚持以工补农、以城带乡，推动形成工农互促、城乡互补、协调发展、共同繁荣的新型工农城乡关系。坚持农民主体地位高度体现了法治乡村建设坚持以人民为中心的基本原则。坚持人民群众在法治乡村建设中的主体地位，做到法治乡村建设为了群众、依靠群众，过程群众参与、效果群众评判、成果群众共享，切实增强人民群众的获得感、幸福感、安全感。

实施乡村振兴战略是一篇大文章，在实施乡村振兴战略应遵循的原则中，《乡村振兴促进法》强调，要坚持农民主体地位，保障农民民主权利和其他合法权益，维护农民根本利益。民以食为天，粮食安全是“国之大者”，《乡村振兴促进法》提出，坚持藏粮于地、藏粮于技，采取措施不断提高粮食综合生产能力，建设国家粮食安全产业带，完善粮食加工、流通、储备体系，确保谷物基本自给、口粮绝对安全，保障国家粮食安全。

乡村建设行动是全面推进乡村振兴的重要抓手，乡村建设行动既是实施乡村振兴战略的重要任务，也是国家现代化建设的重要内容。《乡村振兴促进法》主要从规划引领、建强硬件、抓好软件、保护传统村落 4 个方面作出规定。

（二）党的涉农政策与中央一号文件

2022 年中央一号文件，是进入 21 世纪以来第 19 个指导“三农”工作的中央一号文件，体现了长期以来党对“三农”工作的高度重视。

党的十八大以来，习近平总书记对“三农”重大战略亲自部署，重大改革亲自推动，作出了一系列重要论述，提出了一系列新理念新思想新战略，科学回答了新时代“三农”工作的重大理论和实践问题。深入学习贯彻习近平总书记关于“三农”工作的重要论述是不断增强“三农”工作干部“四个意识”的迫切需要，是做好新时代“三农”工作的迫切需要，是培养“一懂两爱”“三农”工作干部的迫切需要，是深化农村改革的迫切需要。要自觉深入学习贯彻习近平新时代中国特色社会主义思想，特别是着力加强对习近平总书记关于“三农”工作的重要论述的学习掌握运用，深刻学习领会习近平总书记关于“三农”工作的重要论述的丰富内涵和精神实质，深刻感悟习近平总书记的浓厚“三农”情怀，努力学懂弄通做实，牢固树立“四个意识”，增强做好“三农”工作的责任感使命感，提高用习近平总书记关于“三农”工作的重要论述武装头脑、指导实践、推动工作的觉悟、能力和水平。从切实加强组织领导，认真抓好学习培训，集中开展宣讲解读，精心组织新闻宣传等方面认真做好习近平总书记关于“三农”工作的重要论述的学习宣传，指导“三农”工作实践。

党的十九届五中全会提出，走中国特色社会主义乡村振兴道路，全面实施乡村振兴战略。实施乡村振兴需要强化法治保障，法治乡村建设是全面推进乡村振兴的基础工作，也是全面推进依法治国的基础工作。《中共中央　国务院关于实施乡村振兴战略的意见》（2018 年中央一号文件）中首次明确提出建设法治乡村。2020 年 2 月 5 日，习近平总书记主持召开的中央全面依法治国委员会第三次会议，审议通过了《关于加强法治乡村建设的意见》，对法治乡村建设作出了全面部署。从 2017 年乡村振兴战略首次明确提出到 2022 年强调应牢牢守住保障国家粮食安全和不发生规模性返贫两条底线，突出年度性任务、针对性举措、实效性导向，充分发挥农村基层党组织领导作用，扎实有序做好乡村发展、乡村建设、乡村治理重点工作，集中反映了乡村振兴战略自制定以来，党对“三农”工作一以贯之的重视态度，科学严谨的工作部署，细致到位的政策支撑。

2018 年中央一号文件指出，实施乡村振兴战略，是党的十九大作出的重大决策部署，是决胜全面建成小康社会、全面建设社会主义现代化国家的重大历史任务，是新时代“三农”工作的总抓手。实施乡村振兴战略，是解决人民日益增长的美好生活需要和不平衡不充分的发展之间矛盾的必然要求，是实现“两个一百年”奋斗目标的必然要求，是实现全体人民共同富裕的必然要求。2018 年中央一号文件强调，必须立足国情农情，顺势而为，切实增强责任感使命感紧迫感，举全党全国全社会之力，以更大的决心、更明确的目标、更有力的举措，推动农业全面升级、农村全面进步、农民全面发展，谱写新时代乡村全面振兴新篇章。2018 年中央一号文件在提升农业发展质量，培育乡村发展新动能；推进乡村绿色发展，打造人与自然和谐共生发展新格局；繁荣兴盛农村文化，焕发乡风文明新气象；加强农村基层基础工作，构建乡村治理新体系；提高农村民生保障水平，塑造美丽乡村新风貌；打好精准脱贫攻坚战，增强贫困群众获得感；推进体制机制创新，强化乡村振兴制度性供给；汇聚全社会力量，强化乡村振兴人才支撑；开拓投融资渠道，强化乡村振兴投入保障；坚持和完善党对“三农”工作的领导等方面提出了总体要求和明确意见。

2019 年中央一号文件（《中共中央　国务院关于坚持农业农村优先发展做好“三农”工作的若干意见》）的发布，对当时处于全面建成小康社会决胜期的“三农”工作指明了方向。2019 年中央一号文件指出，“三农”领域有不少必须完成的硬任务，必须坚持把解决好“三农”问题作为全党工作重中之重不动摇，进一步统一思想、坚定信心、落实工作，巩固发展农业农村好形势，发挥“三农”压舱石作用，为有效应对各种风险挑战赢得主动，为确保经济持续健康发展和社会大局稳定、如期实现第一个百年奋斗目标奠定基础。2019 年中央一号文件围绕聚力精准施策，决战决胜脱贫攻坚；夯实农业基础，保障重要农产品有效供给；扎实推进乡村建设，加快补齐农村人居环境和公共服务短板；发展壮大乡村产业，拓宽农民增收渠道；全面深化农村改革，激发乡村发展活力；完善乡村治理机制，保持农村社会和谐稳定；发挥农村党支部战斗堡垒作用，全面加强农村基层组织建设；加强党对“三农”工作的领导，落实农业农村优先发展总方针等方面提出了要求。

2020 年中央一号文件（《中共中央　国务院关于抓好“三农”领域重点工作确保如期实现全面小康的意见》）对标全面建成小康社会，对做好 2020 年“三农”工作，确保脱贫攻坚圆满收官，确保农村同步全面建成小康社会作出全面部署。2020 年中央一号文件强调，坚决打赢脱贫攻坚战，加快补上全面小康“三农”领域突出短板，确保脱贫攻坚战圆满收官，确保农村同步全面建成小康社会。2020 年中央一号文件围绕“坚决打赢脱贫攻坚战、对标全面建成小康社会加快补上农村基础设施和公共服务短板、保障重要农产品有效供给和促进农民持续增收、加强农村基层治理、强化农村补短板保障措施”5 个部分，明确对标对表全面建成小康社会目标，集中力量完成打赢脱贫攻坚战和补上全面小康“三农”领域突出短板两大重点任务。2020 年中央一号文件强化针对基层干部群众反映强烈的问题和工作落实中存在的薄弱环节，有的放矢、精准施策，提出了一些含金量高、可操作性强的政策举措，进一步强化了补短板的政策支撑保障。强调抓好落实，围绕补上影响脱贫攻坚质量和全面小康成色、到 2020 年必须补上的突出短板，逐项抓好落实，确保全面建成小康社会目标任务如期完成。

2021 年中央一号文件指出，民族要复兴，乡村必振兴。要坚持把解决好“三农”问题作为全党工作重中之重，把全面推进乡村振兴作为实现中华民族伟大复兴的一项重大任务，举全党全社会之力加快农业农村现代化，让广大农民过上更加美好的生活。2021 年中央一号文件围绕“总体要求、实现巩固拓展脱贫攻坚成果同乡村振兴有效衔接、加快推进农业现代化、大力实施乡村建设行动、加强党对‘三农’工作的全面领导”对“三农”工作作出全面部署。2021 年中央一号文件共 5 个部分 26 条，可概括为“两个决不能，两个开好局起好步，一个全面加强”。即“巩固拓展脱贫攻坚成果决不能出问题、粮食安全决不能出问题；农业现代化、农村现代化都要开好局起好步；加强党对‘三农’工作的全面领导”。2021 年中央一号文件强调，把乡村建设摆在社会主义现代化建设的重要位置，全面推进乡村产业、人才、文化、生态、组织振兴，充分发挥农业产品供给、生态屏障、文化传承等功能，走中国特色社会主义乡村振兴道路，加快农业农村现代化，加快形成工农互促、城乡互补、协调发展、共同繁荣的新型工农城乡关系，促进农业高质高效、乡村宜居宜业、农民富裕富足。

2022 年中央一号文件指出，从容应对百年变局和世纪疫情，推动经济社会平稳健康发展，必须着眼国家重大战略需要，稳住农业基本盘、做好“三农”工作，接续全面推进乡村振兴，确保农业稳产增产、农民稳步增收、农村稳定安宁。2022 年中央一号文件明确了两条底线任务：保障国家粮食安全和不发生规模性返贫，要做好3方面重点工作：乡村发展、乡村建设、乡村治理；提出推动实现"两新"：乡村振兴取得新进展、农业农村现代化迈出新步伐。

（三）党的涉农政策与《乡村建设行动实施方案》

乡村建设是实施乡村振兴战略的重要任务，也是国家现代化建设的重要内容。2022年5月，中共中央办公厅、国务院办公厅印发了《乡村建设行动实施方案》（以下简称《方案》）。《方案》指出，要以习近平新时代中国特色社会主义思想为指导，坚持农业农村优先发展，把乡村建设摆在社会主义现代化建设的重要位置，顺应农民群众对美好生活的向往，以普惠性、基础性、兜底性民生建设为重点，强化规划引领，统筹资源要素，动员各方力量，加强农村基础设施和公共服务体系建设，建立自下而上、村民自治、农民参与的实施机制，既尽力而为又量力而行，求好不求快，干一件成一件，努力让农村具备更好生活条件，建设宜居宜业美丽乡村。

《方案》提出了乡村建设行动的工作原则和行动目标。乡村建设行动的工作原则是坚持尊重规律、稳扎稳打；因地制宜、分类指导；注重保护、体现特色；政府引导、农民参与；建管并重、长效运行；节约资源、绿色建设。《方案》提出，到2025年，乡村建设取得实质性进展，农村人居环境持续改善，农村公共基础设施往村覆盖、往户延伸取得积极进展，农村基本公共服务水平稳步提升，农村精神文明建设显著加强，农民获得感、幸福感、安全感进一步增强。

《方案》围绕加强农村基础设施和公共服务体系建设，提出了12项重点任务，即加强乡村规划建设管理，实施农村道路畅通工程，强化农村防汛抗旱和供水保障，实施乡村清洁能源建设工程，实施农产品仓储保鲜冷链物流设施建设工程，实施数字乡村建设发展工程，实施村级综合服务设施提升工程，实施农房质量安全提升工程，实施农村人居环境整治提升五年行动，实施农村基本公共服务提升行动，加强农村基层组织建设，深入推进农村精神文明建设。

《方案》从责任落实、项目管理、农民参与、运行管护等方面提出乡村建设实施机制，确保乡村建设行动落地见效。《方案》还在政策支持和要素保障方面提出了一揽子政策支持措施。

二、党的涉农政策利农惠农的案例评析

乡村振兴战略的有序推进离不开党的政策扶持。脱贫攻坚战取得全面胜利之后，乡村振兴的重心开始由保生存转向促发展。乡村振兴要对接各类资源，融入市场经济离不开党的涉农政策引导，离不开科技助力、金融支持、法治保障。党的政策贯穿于法律规范体系、法治实施体系、法治监督体系、法治保障体系，同党内法规体系一道构成中国特色社会主义法治体系，直接对“三农”工作产生重大深刻影响。在重大政策利好之下，乡村经济发展、农民收入提高、损失降低的实例不胜枚举。

典型案例

金融服务惠农家

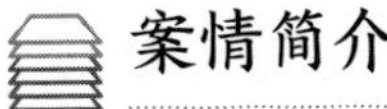

案情简介

2021 年，宁夏回族自治区中卫市海原农商行对全县 150 个行政村现

场采集信息、评级授信、发放贷款，把银行柜台"搬"到百姓家中，补齐农户发展产业融资难的短板。海原农商行将支持肉牛产业作为实现农民增收致富的核心支撑，与海原县政府签订金融支持肉牛产业发展业务合作协议，全力支持龙头企业、合作社、种植养殖大户、贫困户发展高端肉牛养殖，推动肉牛产业"6+1"体系建设，建成肉牛养殖示范村 57 个，培育规模牛场、养殖合作社、家庭农场 277 家。截至 2021 年年底，海原农商行投放支持肉牛产业贷款 14.48 亿元，为海原县创建国家级肉牛产业体系示范县和自治区级肉牛良种繁育基地示范县贡献了金融力量。刘智就是这个政策的受益人。长年在外打工的他，2016 年返乡后想成立养殖专业合作社，却缺少启动资金。海原农商行西安支行为其发放了首笔 18 万元的启动资金贷款。有了连年的信贷支持，刘智的合作社目前肉牛存栏达 400 多头。

案例评析

随着乡村振兴的全面推进，农村将成为未来我国金融产业发展的一片蓝海。现代农业的发展需要健全的金融体系、完备的金融服务。在党的政策的扶持之下，在国家层面要将政策性金融机构、商业性金融机构、农村合作社及民间的金融机构有效地进行整合设计，建立完善的农业产业化金融支持体系，以满足农业产业化过程中各式各样的金融需求，这些是解决农业农村发展融资难的有益之举。得益于政策的利好，农户才能减少融资难题，扩大再生产，实现农业增收，农民富裕。案例中的刘智正是得益于国家惠农金融政策才获得了养牛启动资金，走上了养牛致富的道路。

保险助力精准脱贫

案情简介

2018 年 3 月 4 日，南方地区经历气温骤降，低温造成重庆市石柱县中益乡坪坝村贫困户杨朝武、谭启华家中养殖的中蜂大面积死亡。人保财险接到报案后，立即组织工作人员奔赴坪坝村进行现场查勘，确定中蜂死亡为冻灾所致，并及时向受灾群众支付赔款。收到赔款后，杨朝武和谭启华十分感动，感慨“还是政府政策好，人民保险为人民”，表示因为保险赔付有保障，更加坚定了他们依靠中蜂养殖脱贫致富的信心和决心。

案例评析

保险的功能是分担和补偿损失，政策性农业保险就是在政府的支持下通过保险的形式帮助农民把农业风险降到最低。在传统的乡村经济中，由于农民的文化水平相对较低，对保险行业缺乏了解或存在偏见，不懂得转嫁风险，靠天吃饭，一旦遭遇天灾往往就损失惨重。尤其对于刚刚脱贫的农民来说，恶劣的自然灾害极易迫使其返贫，与乡村振兴、全面共同富裕的国家建设目标相违。要充分发挥“政府 + 保险 + 农户”的优势联动，提高公众政策性农业保险知晓率，激发广大农户投保积极性。一方面，将保险业务引入农业市场，将保险资源嫁接到农业生产经营活动当中，繁荣了保险经济；另一方面，因为有了政府背书、政策支持，广大农户能够知晓保险原理，消除行业偏见，保证生产经营活动平稳运行。可以说，政策性农业保险的引入，为农民从事农业生产上了一把放心锁，通过发挥保险的损失的分担和经济的补偿作用，既牢牢保证了农民不返贫的底线，又保证了农民的基本生产生活的持续健康有序发展。

三、法治实践能力培养

（一）法治宣传教育学习能力

当前，我国已开启全面建设社会主义现代化国家新征程，进入新发展阶段，迫切要求进一步提升公民法治素养，全民普法已经成为全面依法治国的长期性基础性工作。各地要始终坚持法治宣传教育和法治实践相结合，把法治宣传教育作为长期性重点工作来抓，始终保持同社会、同人民群众的良性互动，切实以法治宣传教育促进人民群众法治理念的提升，使人民群众养成知法守法、依法办事、依法维权的习惯，推进“谁执法谁普法”向纵深发展。

随着国家发展重心的下移，全面依法治国的推进，乡村振兴工作开始由保生存向促发展转型，“三农”工作与法治的结合会越来越密切，对法治的依赖程度会越来越明显，着力提高农民群众运用法治思维和法治方式来解决“三农”工作中遇到的问题的能力也越发迫切，广大农民群众知法学法用法的作用也越来越突出。法治宣传教育始终保持同社会、同人民群众的良性互动体现在具备执法资格的执法者以执法促普法，广大农民群众通过接受普法来知法、学法、用法，着力提高运用法治思维和法治方式的能力。

（二）公共法律服务运用能力

2019 年 7 月，中共中央办公厅、国务院办公厅印发了《关于加快推进公共法律服务体系建设的意见》。该意见指出:“公共法律服务是政府公共职能的重要组成部分，是保障和改善民生的重要举措，是全面依法治国的基础性、服务性和保障性工作。推进公共法律服务体系建设，对于更好满足广大人民群众日益增长的美好生活需要，提高国家治理体系和治理能力现代化水平具有重要意义。”乡村“法律明白人”通过培训和学习固然会在法律事务方面成为一个合格的法律知晓者、法治宣传者、纠纷解决者，但不可否认其由于缺乏长期系统专业的学习，较法官、律师等专业的法治队伍、法治从业人员仍有一定的差距。将乡村“法律明白人”培养成完全不逊色于法官、律师等专门人员并不符合“法律明白人”的制度定位和建设目标，这就要求乡村“法律明白人”在具备解决一般法律问题能力的基础上，能够帮助广大农民群众选择最适宜恰当的公共法律服务，引导农民群众寻求更专业的公共法律服务机构的帮助。各级政府要把以人民为中心的发展思想贯穿始终，对均衡配置城乡法律服务资源、加强欠发达地区公共法律服务建设、重点保障特殊群体合法权益、加快建设覆盖全业务全时空的法律服务网络等方面提出专门要求。各地司法行政机关要整合各类法律服务资源，大力推进公共法律服务实体、网络和热线三大平台融合发展，实现城乡全覆盖，努力为人民群众提供便捷高效、均等普惠的公共法律服务。

（三）矛盾纠纷调处能力

当前，我国既处于发展的重要战略机遇期，又处于社会矛盾凸显期。保持经济社会持续健康发展，对基层矛盾纠纷调处创新提出了迫切的要求。人民调解是一项具有中国特色的化解矛盾、消除纷争的非诉讼纠纷解决方式，被国际社会誉为化解社会矛盾的“东方经验”，是维护社会和谐稳定的“第一道防线”。所谓人民调解，是指人民调解委员会通过说服、疏导等方法，促使当事人在平等协商基础上自愿达成调解协议，解决民间纠纷的活动。

1. 人民调解的基本原则

人民调解过程中，应当坚持以下原则：（1）自愿、平等原则。包括：在调解纠纷时，必须坚持自愿平等原则；调解协议书的签订必须双方当事人同意；调解协议书要由当事人自觉履行。（2）依法原则。包括：人民调解委员会管理和调解的矛盾纠纷范围符合法律、法规和规章的规定；人民调解组织调解矛盾以法律、法规、规章和政策、社会主义道德规范作为辨别是非的标准；达成的调解协议的内容符合法律、法规、规章和政策的规定。（3）尊重当事人诉讼权利的原则。包括：调解不是诉讼的必经程序，不得因未经调解或是调解不成而阻止当事人向人民法院提起诉讼；人民法院不得因未经调解而拒绝受理。人民调解所具有的平等、自愿、参与、自主选择和灵活、便利、经济的特点，不仅可预防社会冲突的扩散与性质转化，实现调控和治理、节约社会管理的资源和成本，实现效益并提高效率、发挥社会组织参与社会管理的功能，而且实现了民主与自治、增强公民通过法律途径解决矛盾的意识，实现了理性与法治，架起了群众与政府之间沟通对话的桥梁，实现了和谐与稳定。

2. 人民调解委员会

人民调解委员会是依法设立的调解民间纠纷的群众性组织。根据规定，村民委员会、居民委员会设立人民调解委员会。企业事业单位根据需要设立人民调解委员会。人民调解委员会由委员 3 至 9 人组成，设主任 1 人，必要时，可以设副主任若干人。委员中应有妇女成员，多民族居住的地区应当有人数较少民族的成员。人民调解委员会委员每届任期 3 年，可以连选连任。担任人民调解员，应当满足公道正派、热心人民调解工作，具有一定文化、政策水平和法律知识以及成年公民等条件。

3. 调解协议的效力

人民调解协议是在人民调解委员会的组织下，双方当事人自愿达成的协议。该协议可以书面也可以口头。现行的《人民调解法》首次以法律形式肯定了人民调解协议的司法确认制度，终结了人民调解协议不具有司法强制执行力、难以被当事人重视的尴尬局面，无疑有利于鼓励当事人选择人民调解的方式解决纠纷，也有利于缓解人民法院的办案压力。《人民调解法》第三十一条规定，经人民调解委员会调解达成的调解协议，具有法律约束力，当事人应当按照约定履行。人民调解委员会应当对调解协议的履行情况进行监督，督促当事人履行约定的义务。

人民调解协议经双方当事人平等协商订立后就具有法律效力，当事人双方应当履行，但却不具备强制力，一方当事人反悔后拒不履行，人民调解委员会也不能对其进行强制执行。遇到这种情况，另一方当事人只能通过仲裁、行政、司法途径解决。虽然这些手段都能够达到解决纠纷的目的，但会增加当事人的负担和成本。为了维护民事关系的稳定，便于当事人行使权利，《人民调解法》规定了调解协议的司法确认制度。双方当事人在达成调解协议后，认为有必要的，可以自调解协议生效之日起 30 日内共同向人民法院申请司法确认。调解协议一旦被司法机关确认有效，一方当事人拒绝履行或者未全部履行的，对方当事人可以不经诉讼程序直接向人民法院申请强制执行。当然，法律同时规定，调解协议被人民法院依法确认无效的，当事人可以通过人民调解方式变更原调解协议或者达成新的调解协议，也可直接向人民法院提起诉讼。

当然现实生活中，并不是所有当事人达成的调解协议都能被司法机关确认为有效，当事人由于知识欠缺或者其他方面的因素也可能达成缺乏公平、违反公序良俗甚至法律的协议，这样的调解协议当然不会产生任何强制约束力，只能告知当事人变更或重新达成协议，或者向人民法院提起诉讼。《最高人民法院关于人民调解协议司法确认程序的若干规定》第七条规定，具有下列情形之一的，人民法院不予确认调解协议效力：（1）违反法律、行政法规强制性规定的；（2）侵害国家利益、社会公共利益的；（3）侵害案外人合法权益的；（4）损害社会公序良俗的；（5）内容不明确，无法确认的；（6）其他不能进行司法确认的情形。

典型案例

案情简介

2013年2月，被告高某驾驶三轮车左转弯时与驾驶无牌二轮摩托车的黎某相撞，造成原告黎某受伤骨折。后经某交警大队认定，被告高某应负事故的全部责任。事故发生后，原告黎某入院治疗20天，医疗费共计4万余元。2013年3月，双方达成调解协议，约定：被告高某支付黎某医疗费4万余元，并再一次性支付3万元，共计7万余元，被告履行完毕后，双方无任何纠纷。协议签订后，被告高某当天付清全部钱款。此后，经某司法鉴定所出具的司法鉴定意见书认定：原告黎某右上肢为9级伤残，右下肢为10级伤残，原告需要14个月的护理，误工期为234天。事后，原告黎某再次向高某索赔，高某不予理会，无奈之下，黎某将高某告上了法院。

法院审理认为，原被告双方达成的调解协议合法、有效，系双方真实意思表示，且已履行完毕。协议签订于2013年3月，原告于2013年4月出院，因此签订协议时原告已基本治疗终结。此时，原告在客观上通过询问医生，对其伤势程度应当存在正确认知和预见，对即将可能出现残疾或者出现新伤情的因素应当考虑在协议约定的赔偿内，协议约定被告高某支付原告住院期间医疗费，并另行支付原告各项费用3万元后，原告不再追究被告责任，法院认为原告已对今后发生任何事情有充分考虑，并愿意接受今后可能发现新伤情得不到另外赔偿的风险。因此，被告高某依约履行完毕后，双方的纠纷已彻底得到解决。原告称该协议显示不公平的理由不能成立。对原告的诉讼请求，不予支持。判决驳回原告黎某的诉讼请求。一审宣判以后，原、被告双方均未提起上诉，判决已发生法律效力。

案例评析

交通事故发生后，黎某、高某双方已达成一次性赔偿的调解协议，协议也将原告所受损失均包含在内。该调解协议是双方自愿签订的，是双方真实意思表示，且不存在胁迫等违法情形，可理解为原告已对今后发生任何事情有充分考虑，并愿意接受今后可能发现新伤情得不到另外赔偿的风险。因此，协议签订后，受害人又以机动车交通事故责任纠纷向法院起诉，如果此前双方签订的调解协议不存在无效或可撤销的情形，则法院应驳回原告的诉讼请求。